AF399621

Thea Emmerling

Es ist Zeit, nimm Dir Deine Hälfte der Welt!

Ein Selbstcoach für Frauen

Thea Emmerling
Berlin, Deutschland

ISBN 978-3-658-49990-7   ISBN 978-3-658-49991-4   (eBook)
https://doi.org/10.1007/978-3-658-49991-4

Die Deutsche Nationalbibliothek verzeichnet diese Publikation in der Deutschen Nationalbibliografie; detaillierte bibliografische Daten sind im Internet über https://portal.dnb.de abrufbar.

Für Kaja

Vorwort

Dieses Buch ist meine Schatzkiste und gedacht als Mutmacherbuch – für meine fertig ausgebildete und am Berufsanfang stehende Tochter. Aber ebenso für Dich als aufregende junge Frau, die Du gerade Dein Leben in die eigene Hand nimmst. Meine Schatzkiste ist sehr persönlich. Sie enthält in Form kleiner Merksätze und Leitmotive die Essenz der Erfahrungen meines über 60jährigen Frauenlebens als Mutter in Vollzeitarbeit, die Dir vielleicht als Wegweiser auf dem steinigen Terrain des Lebens dienen können. Damit Du rechtzeitig die richtigen Weichen stellst und Dir Deine Hälfte der Welt nehmen kannst.

Das Buch ist als Selbstcoach gedacht, ein kleiner Nachttischcoach, in dem Du immer mal am Abend ein kleines Kapitel lesen kannst, bevor Dir die Augen zufallen. Die 52 Mantras für ein selbstbestimmtes und finanziell unabhängiges Frauenleben – eines für jede Woche – habe ich alle selbst getestet, ausprobiert und für gut befunden. Die einzelnen Abschnitte sind kurz und einfach, denn alles Wesentliche im Leben ist einfach. Nur was einfach ist, können wir uns merken, wenden wir regelmässig an, kann unser Leben nachhaltig verändern.

Gleichzeitig deckt es in sieben Kapiteln – Gesundheit, Bildung, Beruf, Finanzen, Familie und Freunde, Zufriedenheit mit Dir selbst und Gemeinschaft und Gesellschaft – alle wichtigen Bereiche im Leben einer Frau ab. Dieser umfassende Ansatz hebt dieses Buch von anderen Ratgebern auf dem Markt ab, die meist nur einen Teilaspekt aufgreifen. Am Ende jedes Kapitels sollen Dir ein paar Selbstcoachingfragen helfen, Deine eigenen Antworten auf die Herausforderungen des Lebens und Deinen eigenen Weg zu finden. Meine Ansicht ist: Dieser Weg tut sich von alleine auf, wenn Du Gesundheit, Bildung und finanzielle Unabhängigkeit ganz nach oben stellst.

Ein spezieller Spagat im Leben wird von Müttern verlangt, vor allem von arbeitenden Müttern. Gleichberechtigung hört nämlich häufig noch immer dort auf, wo die Mutterschaft beginnt. Und sie ist für alle jungen Mütter eng mit der Frage nach der Kinderbetreuung verknüpft. Hier schliesst sich für mich ein Kreis: Vor etwas mehr als dreissig Jahren, als junge Mutter, schrieb ich ein Buch über Kinderbetreuung in Deutschland. (Karriere mit Kind? – Kinderbetreuung in Deutschland, Zebulon-Verlag 1994). „Ich werde mir meinen Kinderbetreuungsplatz erschreiben", scherzte ich. Ewas für ein Trugschluss!

Obwohl sich seither einiges getan hat, auch in puncto neue Väter, wird die Kinderbetreuung weiterhin im wesentlichen auf dem Rücken der Mütter gelöst. Covid und eine zunehmend wieder machoide politische Kultur drehen sogar das Rad zurück. Das hat Konsequenzen für Frauen bis ins hohe Alter. Stichwort Teilzeitarbeit, niedrigere Renten, Altersarmut, finanzielle Abhängigkeit. Damit Du als junge Frau und/oder Mutter nicht sehenden Auges in diese vorprogrammierte, systemische und mann-gemachte Falle tappst, deshalb dieses Buch.

Rechtlich haben wir Frauen in westlichen Demokratien bereits weitgehend unsere Hälfte der Welt erkämpft – übrigens ging das nur zusammen mit vielen einsichtigen Männern, denn die Parlamente haben immer noch einen Überhang an Männern. Papierene Rechte reichen aber nicht, wenn sie nicht oder nur im Schneckentempo umgesetzt werden. Auch ist die wirtschaftliche Gleichstellung noch lange nicht erreicht. Ein Exkurs zur Frauenpolitik und zur Kinderbetreuung in diesem Buch liefern die Fakten und vergleichen den Stand in Deutschland mit dem EU-Durchschnitt bzw. anderen europäischen Ländern.

Ein weiterer Exkurs beleuchtet den Selbstcoachingansatz, auf dem dieses Buch beruht, als Teil des Themas Coaching. Denn oft kommt niemand, auch nicht Dein Märchenprinz, um Dich zu retten. Vielmehr heisst es dann, sich wie Münchhausen am eigenen Schopf zu packen und aus dem Sumpf zu ziehen. Selbstrettung ist kein Drama, sondern Selbstwirksamkeit und Macht.

Dieses Buch soll Dich motivieren, den Mut nicht zu verlieren, Deinen Weg zu suchen, zu finden und zu gehen und Deine Hälfte der Welt zu fordern und zu leben. Denn „Frauen, die nicht fordern, werden beim Wort genommen – sie bekommen nichts", sagte schon die französische Frauenrechtlerin Simone de Beauvoir. Und, wenn Deine Hälfte dann da ist, sie Dir zu nehmen. Sie fällt uns nicht in den Schoss, unsere Hälfte, sie muss immer wieder, jeden Tag neu, eingefordert und gelebt werden, ein ganzes Frauenleben lang.

Thea Emmerling

Inhaltsverzeichnis

Gesundheit

1

Deine Gesundheit ist Priorität Nummer 1 für Dein Leben, ein ganzes Leben lang. Sie ist unverrückbare Basis und Grundlage für alles, was Du angehen willst. Denn Dein Körper ist Dein Haus, in dem Du wohnst. Das muss täglich ausgekehrt, geputzt und auf der Höhe der Zeit gehalten werden. Die Rezepte dazu sind geradezu simpel und zum Gähnen langweilig, Du liest sie in jeder Illustrierten: gutes Essen, genügend Schlaf, keine Suchtmittel, ausreichend Bewegung. Was so einfach daherkommt, hat es in sich, denn es erfordert Disziplin, Tag für Tag. Dieses Kapitel zeigt auf, wie Du gute Gewohnheiten für Dich entwickeln und einüben kannst, und wie Du effizient einen gesundheitsfördernden Lebensstil verfolgen und Deine Lebensqualität steigern kannst. Es enthält auch Tipps für mentale Gesundheit und zur Gewaltprävention.

1.1 Mache Deine Gesundheit zur Priorität Nummer 1

Deine Gesundheit ist Priorität Nummer 1 für Dein Leben, ein ganzes Leben lang. Sie führt jede Neujahrsvorsatzliste, jede To-Do-Liste, jede Zukunftsvisualisierung an. Und sie bleibt ganz oben auf der Bestenliste. Immer. Immer. Immer. Sie ist unverrückbare Basis und Grundlage für alles, was Du angehen willst.

Gesundheit ist nicht alles im Leben, aber ohne sie ist alles nichts. Denn wer nicht wirklich gesund ist, läuft auf Sparflamme, sitzt nur am Tisch und hört zu, wo andere sich mit Haut und Haaren einbringen. Doch nur, wer sich voll für etwas begeistert und mitgestaltet, erhält Energie zurück. Wenn Du Mutter wirst oder alte Eltern zu versorgen hast, ist Deine Gesundheit noch wichtiger als „nur" für Dich allein, denn ohne Dich geht nichts in der Familie.

© Der/die Autor(en), exklusiv lizenziert an Springer Fachmedien Wiesbaden GmbH, ein Teil von Springer Nature 2026
T. Emmerling, *Es ist Zeit, nimm Dir Deine Hälfte der Welt!*,
https://doi.org/10.1007/978-3-658-49991-4_1

Daher: Hüte Deine Gesundheit wie einen Augapfel! Wenn Du gesund bist, tue alles, was Dich gesund erhält. Wenn Du krank bist, tue alles, was Dich möglichst schnell wieder genesen lässt.

Ich war in meinen 20er Jahren einmal mehrere Monate lang schwer erkrankt. Damals stand ich am Anfang meines Berufslebens, hatte mich völlig überarbeitet und fing mir eine schlimme Virusinfektion ein. Ich verbrachte vier Wochen im Krankenhaus. Es dauerte danach Monate, bis ich wieder dieselbe Kraft und dasselbe Körpergefühl hatte wie vorher. Diese Erfahrung wochenlanger Krankheit und monatelanger Genesung hat sich mir eingebrannt: Ich habe die Grenzen meiner körperlichen Leistungsfähigkeit ausgelotet, und ich halte seither diese Grenzen sehr genau ein. Ich überfordere meinen Körper nicht mehr. Mein Körper ist mein Haus, in dem ich wohne, und das ich täglich und liebevoll pflege.

Womit pflege ich ihn? Nein, nicht mit Vitamin- und Schönheitsprodukten. Völlig unwichtig. Ich pflege ihn mit einem gesunden Lebensstil: Viel Wasser und gutes Essen, reichlich Bewegung, Verzicht auf Genussmittel wie Rauchen und Alkohol, ausreichend Schlaf. Was so banal daherkommt und zum Gähnen langweilig klingt, bringt, ein Leben lang angewandt, nicht nur genügend Energie für den Alltag, sondern statistisch betrachtet auch mehrere zusätzliche gesunde Lebensjahre. Und hinter 50, wenn plötzlich die Zeit beginnt zu rennen, zählt der Wert gesunder Lebensjahre dreifach! Zu obigem Quartett gehören noch eine gute Krankenversicherung, die Inanspruchnahme von Vorsorgeuntersuchungen und Impfungen. Wir werden uns diese Elemente eines gesunden Lebensstils gleich in den nächsten Unterkapiteln näher ansehen.

Es ist nicht immer leicht, sich einen gesundheitsfördernden Lebensstil anzugewöhnen, denn es ist sehr schwer, schlechte Gewohnheiten zu durchbrechen und loszuwerden. Gewohnheiten sind nämlich wie Fäden zwischen den Fingern einer Hand: Die erste Fadenschlinge ist ein Versuch, der sich leicht zurückdrehen lässt, die zweite Fadenschlinge macht das Konstrukt schon etwas fester, lässt sich aber auch noch leicht durchreissen, erst ab der 20. oder 30. Fadenschlinge wird das Ganze reissfest – eine Gewohnheit „sitzt". Schön, wenn's eine gute Gewohnheit ist! Problem, wenn's eine schlechte ist.

Die gute Nachricht: Ich fand es leichter, mir neue, gute Gewohnheiten anzugewöhnen, als schlechte Gewohnheiten abzugewöhnen. Daher: Lege zunächst Dein Augenmerk auf neue gute Gewohnheiten. Sie werden sich mit der Zeit über die schlechten Gewohnheiten legen, diese überlagern und – hoffentlich – allmählich wegsacken lassen.

Wer sich gute Gewohnheiten angewöhnen will, muss täglich üben und seine Fadenschlinge legen, mehrere Wochen lang. Das braucht Aufmerksamkeit und Disziplin, jeden Tag. Nur worauf Du täglich achtest und was Du täglich tust, bringt Änderung ins Leben. Schritt für Schritt.

Die schlechten Gewohnheiten bleiben dann zwar da, wie Teufelchen, die immer wieder frech meinen Tag durchkreuzen. Sie müssen im Zaum gehalten werden. Also fege ich jeden Tag meine Teufelchen aus, wie die Brotkrümel vom Küchenfussboden, aber ganz weg gehen sie nie, jedenfalls habe ich das bis heute nicht geschafft, aber sie ruhen nun öfter.

Weil Gesundheit jeden Tag Aufmerksamkeit und Disziplin verlangt, stellt sich die Frage, wie wir sie erhalten können, ohne den ganzen Tag mit uns selbst und unserem

Körperhaus beschäftigt zu sein. Hier gilt es, für sich und sein Leben die richtigen Aktivitäten zu finden, die sich ohne viel Aufwand in den Alltag integrieren lassen. In den nächsten Kapiteln werde ich ein paar Möglichkeiten aufzeigen und auch, welche sich für mich selbst als praktikabel und alltagstauglich herausgestellt haben.

1.2   Du bist, was Du isst

Das beste Loblied auf das Essen stammt von meiner Oma aus dem Bauernhaus: „Wer viel arbeitet, muss auch gut essen, denn gut essen und trinken hält Leib und Seele zusammen". Diese Ode auf das gute Essen ist nach wie vor gültig, muss allerdings heute durch einen Zusatz ergänzt werden: „Aber in Maßen!"

Um gesund zu bleiben, darfst und sollst Du alle Arten von Grundnahrungsmitteln essen, je vielfältiger, desto besser. Meine Faustregel ist: 30 verschiedene pflanzliche Nahrungsmittel in der Woche. Dann erhält Dein Körper alle wichtigen Vitamine, Mineralstoffe etc., und Du kannst Dir die Ausgaben für Vitaminpräparate und Nahrungsergänzungsmittel sparen. Also: Lieber die Nussmischung als nur Mandeln, lieber Obstsalat statt zwei Äpfel, lieber den gemischten Gemüseteller als nur Tomatensalat.

Ich esse auch Eier und Fisch und manchmal Fleisch, bei letzterem bin ich allerdings auf Wildfleisch umgestiegen – die Tiere im Wald leben artgerecht, werden nicht mit Hormonen und Antibiotika vollgespritzt, sind automatisch bio und nachhaltig und glücklich bis zum letzten Tag vor dem Abschuss. Insgesamt habe ich meinen Fleisch- und Wurstkonsum stark reduziert, vegetarischer essen bringt den grössten Beitrag zu meiner persönlichen CO_2-Reduktionsbilanz, noch vor der Mobilität.[1]

Am besten, Du kochst selbst. Dann weisst Du, was in Deinem Essen steckt, wie viel Zucker, wie viel Fett, wie viel Salz, keine Konservierungsstoffe etc. Das ist allemal die gesündeste Lebensweise, und je weniger vorgefertigte Lebensmittel Du isst, umso besser für Deinen Körper. Also doch lieber nicht die bereits gekochten Nudeln aus der Supermarkt-Plastikbox, sondern die Nudeln selbst ins Wasser werfen und eine kleine Sauce mit Gemüsestücken in die Pfanne rühren.

Leider ist selbst kochen im Alltag nicht immer leicht durchzuhalten, denn es braucht viel Zeit, und wir sind nicht alle begeisterte Hobbyköchinnen. Es ist ja nicht nur das Kochen, sondern auch das Einkaufen, das Geschirrspülen und Töpfeschrubben hinterher, das Herdsaubermachen und das Müllwegbringen. Seitdem ich versuche, diese lästigen Tätigkeiten als Zen-Übung zu verstehen, geht's etwas besser.

Ich selbst setze, wenn ich nicht kochen will, im Alltag durchaus auf Kantinen, die haben ein angemessenes Preis-Leistungs-Verhältnis, und ich kann mir in der Regel aussuchen, was ich auf meinem Teller haben will. Es gilt dort halt konsequent bei der Essensauswahl zu sein. In Restaurants esse ich nicht so oft. Sie sind teurer, und ich weiss nicht

---

[1]Deutsche Gesellschaft für Ernährung. (2024). *Gut essen und trinken – die DGE-Empfehlungen.* https://www.dge.de/gesunde-ernaehrung/gut-essen-und-trinken/dge-empfehlungen/

wirklich, was kommt. Ich gehe davon aus, dass dort mehr Fett, Zucker und Salz im Essen stecken als ich selbst einsetzen würde, denn sie sind ja Geschmacksträger, und der Wirt möchte, dass ich zurückkomme und kümmert sich weniger um meine Linie und meine Gesundheit als um den Geschmack. Wenn ich auf Reisen bin, ernähre ich mich meist asiatisch, da ist zumindest immer ein Gemüsemix dabei.

Zu Hause esse ich gern zweimal am Tag warm, das ist zwar etwas aufwendiger zuzubereiten als Brotzeit, hält aber länger satt und ist auf die Dauer für den Körper abwechslungsreicher und gesünder. Was ich heute nicht aufesse, wird morgen Abend aufgewärmt. Das habe ich in Frankreich gelernt. Ausserdem habe ich dadurch weniger Heisshungerattacken auf Süsses und Kuchen – ein sehr positiver Nebeneffekt des zweimal warm Essens, denn mein nächster Ratschlag lautet: Achte darauf, dass Du ein gesundes Gewicht hältst. Und das ist ohne Zucker und schnelle Kohlenhydrate (Weissmehl) wesentlich leichter!

Überhaupt „veresse" ich meine 2000 Tageskalorien lieber als dass ich sie vertrinke. Das macht den Ratschlag des 2-Liter-Flüssigkeit-Trinkens am Tag relativ einfach umsetzbar: Wasser oder ungesüssten Tee. Hin und wieder ein gespritzter Saft für den Geschmack, mit oder ohne Eis, je nach Jahreszeit. Pure Säfte und Sodas beinhalten viele Kalorien, die spare ich mir. Und Cocktails, Wein und Bier sind wahre Kalorienbomben, die werden für besondere Gelegenheiten aufgespart.

Wenn notwendig, mache ich eine Fastenkur, um ein paar Kilogramm in kurzer Zeit abzunehmen – das motiviert sehr! – oder Intervallfasten. Freunde von mir essen einfach montags nichts. Wer das nicht schafft, beschränkt sich halt montags auf Gemüse, Salate oder Suppe. Effizient soll auch die alte FdH-Formel sein: Friss die Hälfte. Ich persönlich schaffe es nicht, nach ihr zu leben und habe mich deswegen für ganz oder gar nicht entschieden. Spezielle Wunderdiäten sind viel zu aufwendig, dauern relativ lange in der Vorbereitung und bringen wenig, wenn wir danach wieder in die alten Essgewohnheiten zurückfallen.

Zum Halten des Gewichts habe ich mir eine Art persönlicher Atkins-Methode über die Zeit angewöhnt: Jede Mahlzeit besteht als Basis aus buntem Salat oder Gemüse soviel ich will. Dazu esse ich jeweils entweder Kohlenhydrate – also etwa Nudeln, Kartoffeln oder Reis – oder Proteine – also Eier, Fleisch, Fisch oder Hülsenfrüchte – aber nicht Kohlenhydrate und Proteine zusammen. Etwa so: Morgens Müsli mit Obstsalat. Mittags Fleisch mit Gemüse, aber ohne Kartoffeln oder Fisch mit Salat, aber ohne Reis. Abends Gemüse mit Reis. Das ist die einzige „Diät", die ich in meinem Leben dauerhaft durchhalten konnte, da sie den Alltagstest besteht: Sie ist mit jeder Kantine, jedem Restaurant und jeder Essenseinladung vereinbar, ich darf alles essen, nur nicht unbedingt zusammen, und wenn ich die Lebensmittel einigermassen variiere, bekommt mein Körper, was er braucht.

Was oben rein kommt, muss unten wieder raus: Achte auf eine gute Verdauung! Diese regelt sich oft von selbst, wenn Du genügend trinkst und zu jeder Mahlzeit Obst oder Gemüse verzehrst, wie oben ausgeführt. Wenn das nicht genügt, Feigen essen, getrocknete Pflaumen zum Frühstück und Leinsamen oder Flohsamenschalen. Pflaumen- oder Sauerkrautsaft tun als Hausmittel Wunder, ebenso die morgendliche Tasse Kaffee oder ein Glas

Wasser mit einem Spritzer Apfelessig. Chinesen schwören auf lauwarmes Wasser vor jedem Essen. Was ich damit sagen will: Nicht nur darauf achten, was Du in Deinen Körper hineinsteckst, sondern auch darauf, wie er dies verdaut und wieder ausscheidet. Gesundheit liegt in beidem, im richtigen Aufnehmen und im guten Verdauen und Ausscheiden. Pflege Deinen Darm!

Zum Schluss noch eines: Essen ist viel mehr als Kraftstoff für den Körper. Essen ist Genuss, Essen ist Gemeinschaft, Essen ist Lebensqualität. Nicht umsonst ist der Tisch das Zentrum einer Küche und häufig einer Wohnung. Die Zeit, sich täglich hinzusetzen und gemeinsam zu essen, jeden Tag, ist gut investierte Zeit: In den eigenen Körper und die Gesundheit, in die Familie, in Freundschaften. Gut Essen und Geniessen in Gemeinschaft, das Ausprobieren neuer Rezepte, mag zwar mehr Zeit in Anspruch nehmen als einsames Mampfen von Fertigfutter vor dem Computer, aber es trägt reichlich Früchte für die Gesundheit, unser soziales Leben, für die Work-Life-Balance und die eigene Zufriedenheit. Gutes Essen und Trinken ist ein echter „Allrounder". Deshalb: Spare nicht am Essen und nicht an gemeinsamer Essenszeit! Essen macht Spass. Essen ist Gesundheit. Essen ist Lebensqualität pur.

1.3   Weg mit den Doppelkillern Tabak und Alkohol

„Noch so ein Standardratschlag", denkst Du vielleicht beim Lesen dieser Überschrift. Gähn. Aber er hat's in sich: Rauchen ist Killer Nummer 1 und die häufigste vermeidbare Todesursache. Das Rauchen von Zigaretten, Zigarillos etc. bringt die Hälfte seiner Nutzer und Nutzerinnen vorzeitig ins Grab. Es gibt kein anderes legal erwerbbares Produkt, das eine solche Todesbilanz aufweist.[2]

Obwohl die Gefahren von Alkoholkonsum und Rauchen sehr unterschiedlich sind – zu Krebs können beide führen. Für das Lebenszeitrisiko sollen eine Flasche Wein pro Woche und fünf bis zehn Zigaretten pro Woche mehr oder weniger bezüglich des Krebsrisikos auf das Gleiche hinauslaufen, je nachdem, ob man ein Mann oder eine Frau ist, hat Dr. Theresa J. Hydes von der der Uniklinik Southampton zusammen mit Kollegen errechnet.[3] Im Doppelpack konsumiert, verstärken sie sich noch gegenseitig in ihren schädlichen Wirkungen.[4]

---

[2] Deutsches Krebsforschungszentrum, Fakten gegen Dampf und Rauch (2025), Heidelberg. https://www.dkfz.de/forschung/translationale-zentren/ncpc/krebspraeventionswoche/fakten-gegen-dampf-und-rauch-2025

[3] Hydes, T.J., Burton, R., Inskip, H. et al. A comparison of gender-linked population cancer risks between alcohol and tobacco: how many cigarettes are there in a bottle of wine?. *BMC Public Health* **19**, 316 (2019). https://doi.org/10.1186/s12889-019-6576-9 oder über. https://www.medical-tribune.de/medizin-und-forschung/artikel/krebsrisiko-eine-flasche-wein-so-schaedlich-wie-fuenf-zigaretten)

[4] Deutsches Krebsforschungszentrum (Hrsg.) (2014). *Alkohol*

Es gibt also kein banaleres Rezept für die Erhaltung Deiner Gesundheit als das: Rauche nicht und trinke nur wenig Alkohol. Von einem Verzicht auf Drogen ganz zu schweigen.

Wenn Du also noch nicht mit dem Rauchen angefangen hast, umso besser, lass es gleich ganz bleiben. Wenn Du damit angefangen hast und bereits in der Nikotinsucht steckst, dann nimm jede erdenkliche Hilfe an, um damit aufzuhören. Manche schaffen es mit purer Willenskraft, vom Glimmstängel wegzukommen, manche mit Counselling, wieder andere mit Apps oder Nikotinpflastern. Wie Du das schaffst, ist egal, wichtig ist, dass Du möglichst schnell davon loskommst. Fang sofort damit an aufzuhören!

Auch Verdampfer und e-Zigaretten sind keine risikoarmen Produkte, selbst wenn die Industrie uns das glauben machen will. Wenn Du Dich also aufraffst, aufzuhören, dann ziehe es durch und tue es ganz anstatt nur die Rauchkringel gegen Dampfwolken einzutauschen. Ein rauchfreies Leben hilft nicht nur Deiner Gesundheit und der Deiner Mitmenschen – Stichwort Passivrauchen – sondern auch Deiner Zufriedenheit mit Dir selbst. Ausserdem schont es enorm Deinen Geldbeutel.

Prost auf ein langes Leben? Zum Wohl? Pustekuchen! 100 bis 200 g Alkohol pro Woche (also ein bis zwei Liter Wein oder 2,5 bis fünf Liter Bier) verkürzen die Lebenserwartung im Durchschnitt um ein halbes Jahr, 200 bis 350 g um zwei Jahre und mehr als 350 g um fünf Jahre. Die Deutsche Hauptstelle für Suchtfragen empfiehlt daher,

- an mindestens zwei Tagen pro Woche keinen Alkohol zu trinken,
- dass Frauen nicht mehr als 12 g Alkohol pro Tag trinken, also nicht mehr als ein kleines Glas Wein (0,125 L); dies entspricht über eine Woche verteilt bei zwei alkoholfreien Tagen 60 g,
- dass Männer nicht mehr als 24 g Alkohol pro Tag trinken, also zwei kleine Gläser Bier (0,6 L); dies entspricht über eine Woche verteilt bei zwei alkoholfreien Tagen 120 g.[5]

Die empfohlene maximale Tagesdosis wird übrigens in einigen Ländern gerade gesenkt, denn eine sichere Untergrenze gibt es nicht.

Auch wenn ein bisschen Leichtigkeit im Kopf manchmal ganz nett ist, macht es daher Sinn, das Feierabendbier oder das tägliche Gläschen Wein zum Essen (aus dem leicht zwei werden) zu hinterfragen, wenn ihm ein Aperitif vorgeschoben und ein Schnaps nachgeschoben wird. Muss es täglich sein? Reicht es vielleicht, sich einmal die Woche ein opulentes Mahl mit Alkohol zu gönnen? Auf alkoholfreies Bier umzusteigen? Den Cocktail ganz wegzulassen? Nur 0,1 l Weingläser zu nehmen statt 0,2 l? Sich selbst einen „trockenen Januar" zu verordnen oder während der Fastenzeit auf Alkohol zu verzichten? Es gibt viele Möglichkeiten. Weniger ist hier in jedem Fall mehr.

---

und Krebs. Fakten zur Krebsprävention, Heidelberg, 2014. https://www.dkfz.de/de/krebspraevention/Downloads/pdf/FzA/FzA_2014_Alkohol-und-Rauchen.pdf)

[5] Institut für Qualität und Wirtschaftlichkeit im Gesundheitswesen. (2023). *Ab wann ist Alkohol schädlich?* Köln. https://www.gesundheitsinformation.de/ab-wann-ist-alkohol-schaedlich.html

Was viele nicht wissen, da es nicht auf dem Etikett steht: Alkoholische Getränke sind wahre Kalorienbomben! Am schlimmsten natürlich Cocktails, da kommen die Kalorien aus Alkohol, Zucker und Sirup/Saft zusammen. Wer denkt, mit Wein oder Bier kalorienarm unterwegs zu sein, irrt: Bei gleicher Menge – o,2 L – enthält das Glas Wein in etwa doppelt so viele Kalorien wie ein Glas Cola oder ein Glas Orangensaft! Rotwein oder Weisswein unterscheiden sich dabei kaum. Und Bier steht dem in nichts nach. Viele wissen nicht um den Kalorienreichtum alkoholischer Getränke, da im Unterschied zu Lebensmitteln und Limonaden bei alkoholischen Getränken bislang keine Kennzeichnungspflicht für Kalorien existierte. Am 8. Dezember 2023 endete dieser Sonderstatus. Seither sind ein Zutatenverzeichnis und Angaben zum Energiegehalt und den Nährwerten auch für alkoholische Getränke wie Wein, Schaumwein, Glühwein und andere aromatisierte weinhaltige Getränke gesetzlich vorgeschrieben. Für Wein gelten die Neuregelungen erst für die Jahrgänge ab 2024.[6] Daher, auch unter Gewichtsaspekten: Kalorienzahl checken! Du wirst erstaunt sein!

Ich jedenfalls „veresse" meine Kalorien lieber als dass ich sie vertrinke. Während „trockener" Zeiten kann ich alles essen, was ich will, und nehme nicht zu. Ein genialer Nebeneffekt. Und wenn ich trinke, dann nur zu besonderen Anlässen, möglichst in Gesellschaft und nicht mehr als zwei Gläser.

Noch ein paar Worte hier zu zwei beliebten Küchenhelfern: Salz und Zucker. Beide solltest Du sparsam verwenden.

Zucker ist bereits in vielen Grundnahrungsmitteln enthalten. Alle Kohlenhydrate wandeln sich im Körper zunächst in Zucker um, den die Muskeln zuerst als Energie verbrennen, bevor sie auf das Fett zurückgreifen. Der Körper braucht keine zusätzlich zugeführten weissen Zucker und keine versteckten Zucker, schliesslich wollen wir nicht Diabetikerinnen werden. Ich spreche hier von Zucker im Glühwein, in Tee und in Kaffee oder Limonaden, von Zucker in Joghurts oder Marmeladen, von Süssigkeiten und Kuchen, aber auch von Zucker als Geschmacksverstärker in Fertiggerichten. Zucker erzeugt Lust auf mehr Zucker, und wer sich gesund ernähren will, muss diese Zuckerspirale durchbrechen.

Nicht alle Zucker lassen sich – oder will ich – umgehen, aber ich habe zum Beispiel keinen Industriezucker im Haus. Ich habe mir auch angewöhnt, Kaffee und Tee ohne Zucker zu trinken und keine fertig hergestellten zuckerhaltigen Limonaden. Joghurts kaufe ich ohne Geschmack und füge selbst Obst oder Marmelade hinzu. Fertiggerichte und Süssigkeiten meide ich, wenn es geht (es geht nicht immer). Kuchen gibt es an Festtagen.

Auch für Salz gilt für die meisten von uns: Möglichst wenig. In manchen Gerichten lässt sich Salz durch Kräuter ersetzen. Da Fertiggerichte häufig viel Salz enthalten, kann schon selbst kochen einen Unterschied machen. Auch Brot enthält erstaunlich viel Salz. Zuviel Salz führt zu Bluthochdruck, einer der wichtigsten Risikofaktoren für

---

[6]Verbraucherzentrale Brandenburg.(2023). *Jetzt neu: Kalorienangabe auf Wein- und Sektflaschen*. Potsdam. https://www.verbraucherzentrale-brandenburg.de/pressemeldungen/lebensmittel/jetzt-neu-kalorienangabe-auf-wein-und-sektflaschen-90210)

Herz-Kreislauf-Krankheiten. Meine persönliche Lieblingsspeise ist – halt Dich fest – Pommes mit seeeehr vieeel Salz. Die gibt's noch, aber nicht öfter als ein paarmal im Jahr.

Das Fazit dieses Kapitels für mehr Gesundheit ist einfach: Nimm keine Drogen, hör mit dem Rauchen auf, trinke möglichst wenig Alkohol, reduziere Zucker und Salz. Knöpf Dir heute noch eines der Laster vor, fang heute an und beherzige diesen Ratschlag jeden Tag. Rückfälle sind normal, wichtig ist, dass Du dran bleibst. Es gibt nichts besseres, was Du für Deine Gesundheit tun kannst.

1.4 Achte auf Deinen Schönheitsschlaf: Acht Stunden Urlaub jede Nacht

Ja, Du hast es schon 1000mal gehört, aber hier trotzdem nochmal: Gönne Dir genügend Schlaf! Schlaf ist Balsam für die Seele und täglicher Urlaub für Deinen Körper. Schlaf ist die beste Medizin und das beste Schönheitsstudio. Die meisten von uns brauchen etwa acht Stunden Schlaf pro Nacht, manche kommen mit sechs Stunden aus, ich selbst bin ein Schlafguru und benötige neun Stunden, um mich voll fit und leistungsfähig zu fühlen. Ausserdem sehe ich ausgeschlafen entspannter aus, die Falten sind weniger tief, die Augenringe weniger dunkel, meine Laune ist besser. Schlafen ist die beste Kosmetik für das Gesicht!

Spare nicht an einer guten Matratze und investiere in leichte, warme Bettdecken, in gute Kissen und schöne Bettwäsche. Du verbringst soviel Zeit Deines Lebens im Bett, da darfst Du ruhig in Luxus schwelgen. Das Bett sollte ein Platz sein, auf den Du Dich freust, es ist Dein Rückzugsort vom Tag und von den Mitmenschen, ein Ort, an dem Du die Seele baumeln lassen und träumen kannst. Ich selbst liebe hochstellbare Kopf- und Fussteile sowie gute Leselampen, da ich auch gern im Bett lese, vor allem bei Schlaflosigkeit. Eine Nachtfunzel reicht da nicht.

Gut sind auch kleine Nachtrituale: Nochmal den Hund um die Ecke führen, leichte Gymnastik, einen Schlaftee zubereiten, nochmal das Zimmer lüften, den Tag Revue passieren lassen und Tagnotizen schreiben, ein wenig Musik hören. Jede hat hier etwas anderes. Stofftiere im Bett dürfen auch noch sein, Hauptsache sie helfen beim Schlafen.

Wohl der, die sich abends ins Bett legt und schläft wie ein Stein bis die Sonnenstrahlen sie wach kitzeln. Aber wir haben alle Phasen von Schlaflosigkeit, weil wir Sorgen haben, Hormonumstellung oder zu viel Stress. Daher gilt es, Mittel zum Wiedereinschlafen zu finden und im Extremfall eine andere Einstellung zur Schlaflosigkeit.

Meine eigene Erfahrung ist: Ohne Alkohol und ohne Koffein am Nachmittag und Abend schläft es sich besser, ohne opulentes Mahl vor dem Schlafengehen ebenfalls. Vielleicht solltest Du auch den Abendtee früher trinken, damit die Flüssigkeit vor dem Schlafengehen schon mal abgelassen werden kann. Beim Abend-Kräutertee übrigens checken, dass er keinen Rooibos enthält. Erstaunlich oft wird Rooibos in Kräutertees gemischt, er enthält zwar kein Koffein, aber mich persönlich regt er an und auf, ist daher nichts für die Schlafvorbereitung. Alles schön dunkel machen. Dann das Handy aus dem Schlafzimmer verbannen und jedes Blaulicht ausschalten, auch das Standby-Licht des Fernsehgeräts.

Ich schlafe zwar in der Regel direkt ein, bin dann aber nach etwa zwei Stunden auf einmal wieder munter und kann nicht weiterschlafen, meist in der toten Zeit zwischen ein und vier Uhr. Was also tun? Ich selbst stehe mittlerweile nachts auf, wenn ich nicht schlafen kann, stelle das Licht an, mache mir eine heisse Milch mit Honig und versuche, etwas zu lesen. Lesen ist merkwürdigerweise ein ausgezeichnetes Schlafmittel für mich, nachts schaffe ich das nicht länger als 15 min – und wusch, bin ich schon wieder im Traumland.

Mit ein wenig Übung wirkt auch der amerikanische Militärtrick aus dem Zweiten Weltkrieg, der in zwei Minuten zum Schlaf führen soll: Er geht über Entspannung, und diese beginnt im Gesicht. „Wer sein Gesicht entspannt, signalisiert dem restlichen Körper, sich ebenfalls zu entspannen", sagt die amerikanische Militär-Bloggerin Sharon Ackermann. Also Augen zu, Kiefermuskulatur, Zunge und Mund entspannen. Danach Nacken und Schultern, dann Arme und Hände und schliesslich durch-schlaffen bis zum Fuss und zur grossen Zehe, erst rechts, dann links. Dann den Malstrom der Gedanken abstellen, zur Not über das Mantra „nicht denken, nicht denken". Soll innerhalb von zwei Minuten funktionieren, egal in welcher Schlafposition. Bei mir hat es manchmal geklappt, manchmal aber auch nicht, vor allem kann ich nicht immer mein Gedankenkarussell abstellen.

In der Regel ist Schlaflosigkeit schlimm, wenn wir am nächsten Morgen früh aufstehen und dann den ganzen Tag pausenlos gefordert sind und funktionieren müssen, und das über viele Tage lang. In solchen Zeiten sollten wir uns fragen, wie wir ein Mittagsschläfchen einbauen können in unseren Tag, um eine schlaflose Nacht zu kompensieren. Ich habe zum Beispiel zuweilen mittags meine Bürotür verbarrikadiert und mich für eine halbe Stunde auf eine Isomatte auf den Boden gelegt. Pullover unter den Kopf, Jacke über den Körper, fertig. In einer Zeit, als wir sehr nahe an der Arbeit wohnten, gönnte ich mir den Luxus, mittags auch schon mal nach Hause zu gehen – und sah dort die Fusspitzen meines Mannes unter der Bettdecke hervorlugen. Auch er hatte sich schnell mal aufs Ohr gehauen. Und zum Glück gibt's ja auch noch Kaffee, leider für mich mittlerweile nur noch am Morgen und nicht mehr am Nachmittag, weil ich sonst abends nicht so gut einschlafen kann…

Auch habe ich versucht, meine Einstellung zur Schlaflosigkeit zu ändern, und die ungewollt wachen Stunden zwischen ein und vier Uhr morgens positiv zu besetzen als Zeit für mich. Me-time. Die Zeit steht still, alles ist still, ich muss gerade nichts und niemandem hinterherhetzen, keiner will etwas von mir. Da kann ich in aller Ruhe Gedanken sortieren, meinen Atem beobachten oder auf Entspannungsreise durch meinen Körper gehen.

Ganze Romane und Gedichtbände sollen übrigens nachts am Küchentisch entstanden sein, aber diese Schriftsteller nehme ich mir lieber nicht zum Vorbild, die können vermutlich dann morgens ausschlafen, während ich mich in den Arbeitstrubel werfen muss. Insgesamt verliert aber die Schlaflosigkeit in dem Moment, in dem wir nicht zu einer bestimmten Uhrzeit aufstehen und funktionieren müssen, ihren Schrecken. Dennoch schlafe ich am allerliebsten nachts direkt durch.

Es gab schwierige Zeiten in meinem Leben, da habe ich auch Schlaftabletten genommen, um über schwere Wochen hinwegzukommen. Die waren immer noch besser als Psychopharmaka. Aber nur als Rettungsanker in letzter Not, da sie rasch abhängig machen. Mein Mantra war dabei: Besser mit Schlaftablette schlafen als gar nicht schlafen. Aber auch das muss jede für sich entscheiden. Klar ist: Im Zweifel immer besser mit einfachen Hausmitteln als mit Chemie.

1.5   Nimm jede Treppe – Fitness für den Alltag

Ein wesentlicher Baustein eines gesunden Lebensstils ist ausreichend Bewegung. 150 min, also zweieinhalb Stunden wöchentlich, empfiehlt die Weltgesundheitsorganisation als Minimum.[7] Ganz konkret lautet die Empfehlung für Erwachsene: Zwischen 150 bis 300 min moderate Bewegung oder 75–150 min intensives Training oder ein Mix aus beiden. Wer zusätzlich 2x pro Woche moderates Krafttraining einbaut, hat einen zusätzlichen Gesundheitsnutzen.

Mindestens zweieinhalb Stunden Bewegung klingt erst mal viel, wird aber ganz verdaulich für alle, die in ihren Alltag bewusst die Variante mit Bewegung einbauen: Der Lift ist kaputt? Die Rolltreppe hat ihren Geist aufgegeben? Die Treppe funktioniert! Steige jede Treppe, die auf Deinem Weg liegt. Entscheide Dich bei gutem Wetter für das Fahrrad statt das Auto oder den Bus. Betrachte das In-den-Keller-Und-Wieder-Hochlaufen im Haus als Fitness für Deine Beinmuskeln. Jeder Schritt hält fit.

Die Küche ist ein wahres Trainingsrevier: Vom Stretch ins obere Regal bis zur Kniebeuge beim Töpfe einräumen (Kniebeuge, nicht Beugen mit krummem Rücken!). Bis das Wasser kocht, lassen sich ein paar Liegestützen am Tresen, isotonische Übungen oder der Flamingostand – möglichst lange auf einem Bein stehen – einbauen. Im Büro zu den Kollegen drei Stockwerke höher die Treppen steigen, und sie persönlich sprechen anstatt eine E-Mail schreiben. Bezahlte Sportzeit sozusagen, und gut für das soziale Netzwerk, denn unterwegs tauchen plötzlich weitere Kollegen und Kolleginnen auf, mit denen wir uns ohnehin austauschen wollten. Auch das Gassigehen mit dem Hund ist Bewegung. Ich lasse seit zehn Jahren den Schrittzähler in meinem Handy mitlaufen und bin erstaunt, was da im Alltag alles an Schritten zusammenkommt, die ich mir bei bequemerer Lebensweise auch „sparen" könnte. Diese Schritte sind mein Alltagssport, wenn sonst keine Zeit ist.

Täglich solltest Du auch immer etwas für zwei Problemzonen tun: Rücken und Bauch. Den Wert eines starken Rückens erkennen wir leider erst, wenn wir Rückenschmerzen haben. Rückenschmerzen sind eine der häufigsten Volkskrankheiten. Ich selbst habe mir nach meinem ersten Kind den Rücken verdorben durch falsches Heben und habe seither massive Wirbelsäulen- und Rückenprobleme. Was hat geholfen? Nur permanente und regelmässige Stärkungsübungen für den Rücken, ein ganzes Leben lang. Sobald ich damit aufhöre, blockiert mein Rücken erneut.

---

[7] World Health Organisation. (2020). *WHO guidelines on physical activity and sedentary behaviour.* Geneva. https://iris.who.int/bitstream/handle/10665/336656/9789240015128-eng.pdf?sequence=1)

Vor etwa zehn Jahren investierte ich dann voll Verzweiflung in eine spezielle Rückenschule, ein ganzes Wochenende, an dem ich – damals schon 50 Jahre alt – nicht neue Rückengymnastikübungen lernte, sondern rückenschonendes Gehen, Sitzen, Liegen, Stehen und Beugen, das sich in jeder Sekunde des Alltags anwenden lässt. Und oh Wunder, seither habe ich (meist) keine Rückenschmerzen mehr. Daher: Achte auf Deinen Rücken, damit er stark und mobil bleibt! Rückenübungen und rückenbewusstes Bewegen sind für mich die wichtigsten Stärkungsübungen überhaupt.

Viele Rückenübungen gehen über den Bauch, beide gehören zusammen wie zwei Seiten einer Medaille. Wer seinen Rücken stärkt, stärkt gleichzeitig seinen Bauch. Ein schöner Nebeneffekt für alle, die einen flachen Bauch und ein „inneres Korsett" anstreben. Ein Fitnessstudio braucht es dazu nicht, eine Matte zu Hause und etwas Disziplin genügen.

Wer viel sitzt, sollte ausserdem ein bis zweimal in der Woche einen Konditionssport ausüben, alles was Spass macht. In jungen Jahren habe ich Handball und Volleyball gespielt, Mannschaftssportarten haben den Vorteil, dass sich da gleich neue Freunde und Freundinnen kennenlernen lassen. Später, mit Familie und Beruf, bin ich auf Individualsport wie Joggen, Schwimmen, oder Radfahren ausgewichen. Ich halte sie zwar für langweiliger, aber ich kann sie ausüben, wann immer Zeit ist und es passt. Radfahren, Schwimmen oder Joggen lassen sich auch gut mit (grösseren) Kindern und schönen Ausflügen verbinden: Sport und Familienaktivitäten in einem.

Am schönsten finde ich persönlich alle Sportarten an der frischen Luft. Ich treibe dann nicht nur Sport, sondern bin draussen, sehe neue Orte und Landschaften, finde schöne Plätze für das Picknick, erradele oder erwandere mir eine ganze Region. Am liebsten unternehme ich Mehrtagestouren, mit Übernachtung in Hütten oder Pensionen. Das ist Sport, Spass, Urlaub und Anregung in einem, und kombiniert mit Partner und Kindern ein wunderbares Familien- oder Freundeserlebnis, braucht allerdings einiges an organisatorischer Vorbereitung.

Erst spät in meinem Leben habe ich für mich das Wandern und Bergwandern entdeckt. Beides hatte, als ich jung war, für meinen Geschmack zu viel Kniebund- und Lederhosentradition, zu viel verzopfte Blasmusik und zu viel süsslicher Sissiromantik. Eigentlich erst, als ich wegen Skelettproblemen zeitweise keinen anderen Sport mehr treiben konnte, stieg ich notgedrungen auf das Wandern – und in der sportlicheren Variante das Bergwandern – um.

Das war ein Augenöffner! Was habe ich mir seither alles für schöne Landschaften erlaufen und wie viele nette Weggefährten und -gefährtinnen kennengelernt! Die gemütliche 10-Kilometerrunde am See, der 20-Kilometer-Kunstwanderweg wurden abgelöst von der 30-Kilometerrunde direkt am Meer und rund um die Insel, von Mammutmärschen in verschiedenen deutschen Städten, von der Drei-Tages-Tour mit zünftiger Hüttenübernachtung bis zur Alpenüberquerung.

Heute bereue ich, dass ich das Bergwandern nicht früher entdeckt habe, denn die Jahre, die ich noch die Berge hochschnaufen kann, sind nun bereits gezählt. Dabei ist es einzigartig, in grandiosen Landschaften mit Panorama- und Rundblicken zu laufen: Sport und Natur pur, verknüpft als Aktivität mit Freunden und Familie oder als Solo-Meditationstour, mit oder ohne Hüttenromantik, mit oder ohne Hotelwellness, immer mit gutem Essen (und bei Hunger schmeckt auch schlechteres noch himmlisch) – unschlagbar, was das an Wohlbefinden produziert. Probiere es aus!

1.6   Kauf Dir eine Haushaltsleiter und jede Woche Blumen

Du hast wahrscheinlich schon gemerkt, dass ich ein Fan von Vorsorge bin. Lieber nichts anbrennen lassen, dann brauchst Du auch nichts zu löschen. Vorsorge ist nicht sexy. Du hörst sie nicht, Du siehst sie nicht, Du spürst sie nicht. Aber sie ist von allem, was wir tun können, um unsere Gesundheit zu erhalten, am effektivsten. Nichts bringt mehr gesunde Lebensjahre als sinnvolle Vorbeugung.

Der gefährlichste Ort der Welt für uns ist – nein, nicht die Strasse, nein, nicht die U-Bahnstation bei Nacht, nein, nicht der Wald oder das Meer. Der gefährlichste Ort der Welt ist unser Zuhause! Unfälle zu Hause führen jede Unfallstatistik an, und sie stehen weit vor Verkehrsunfällen oder Unfällen in Sport und Freizeit.[8]

Oft sind es Stürze von wackeligen Stühlen, auf glatten Böden oder von steilen Treppen. Schnittverletzungen, Verbrennungen, Vergiftungen, Stromschlag – das alles passiert in Deinem Zuhause, dort, wo Du Dich gerade am sichersten fühlst.

Es macht daher sehr viel Sinn, sich in seinen vier Wänden genau umzuschauen und die Gefahrenhotspots zu entschärfen: Wo fehlt ein Geländer an einer steilen Treppe, bei welchem Schnitzelwerk muss ich die Schutzhülle aufziehen, bevor ich es anwerfe, sind die Chemikalien kindersicher verstaut, brauche ich eine Haushaltsleiter, um die Vorhänge abzunehmen?

Und dann ziehe los und kaufe diese Haushaltsleiter! Und zwar in der richtigen Höhe, damit Du sicher darauf stehen kannst und nicht balancieren musst. Und nimm keine Vorhänge mehr ab ohne diese Haushaltsleiter und ziehe kein Raclettegerät mehr über windschiefe Stuhlstapel aus dem obersten Regal! Spitze und scharfe Gegenstände, heisses Wasser, heisses Fett: Es gibt Haushaltshandschuhe, Spritzschutz und Topflappen – nutze sie! Zu guten Vorsichtsmassnahmen zählt übrigens auch eine private Unfallversicherung, die Unfälle im Haushalt und in der Freizeit abdeckt. Die berufliche Unfallversicherung reicht nicht.

Zur Prävention gehört auch, medizinische Vorsorgeuntersuchungen in Anspruch zu nehmen. Diese konzentrieren sich auf Krankheiten, die gut zu behandeln sind, wenn sie früh genug erkannt werden. Nach Angaben der gesetzlichen Krankenkassen gehen nur knapp 50 % aller Frauen regelmäßig zur Krebsfrüherkennung. Bei Männern ab 45 sind es

---

[8] Statistisches Bundesamt. (2024). *Todesursachen – Anzahl der Gestorbenen nach Unfallkategorien.* Wiesbaden. https://www.destatis.de/DE/Themen/Gesellschaft-Umwelt/Gesundheit/Todesursachen/Tabellen/sterbefaelle-unfaelle.html

noch nicht einmal 20 %. Die Möglichkeit zum „Check-up" alle drei Jahre ab dem 35. Lebensjahr nutzen sogar nur 17 % aller Frauen und Männer.[9]

Zahn-Check, Brustuntersuchung und Gebärmutterhalskrebsvorsorge, Schwangerschafts-Vorsorgeuntersuchungen, Haut-Screening oder Schutzimpfungen gehören zu den Leistungen, die alle gesetzlichen Krankenkassen übernehmen. Ich empfehle Dir, all diese Präventionsmassnahmen in Anspruch zu nehmen. Keine falsche Scham! Je früher eine Krankheit erkannt wird, desto besser! Und gehe regelmässig zur Augenkontrolle, gerade wenn Du viel auf Bildschirme und Handys schaust.

Last, but not least, ein paar Worte zur mentalen Gesundheit. Nach den Haushaltsunfällen stehen Suizide an zweiter Stelle auf der Liste der häufigsten Todesursachen, noch weit vor Verkehrsunfällen. Das ist erschreckend. Depressionen und Angststrungen führen dabei die Liste seelischer Nöte an, gerade die Coronazeit hat ihre Spuren hinterlassen.[10]

Es ist daher wichtig, dass Du Deine Seele streichelst und stärkst. „Resilienz" heisst das neue Modewort dazu. In der Wissenschaft gelten folgende Schutzfaktoren gegen depressive Symptomatik und depressive Störungen als gesichert: die Stärkung von Teilhabe am Arbeitsleben, Bewegung, das soziale Eingebundensein sowie ein gutes Stressmanagement. Alles, was Du für diese vier Bereiche tust, kommt gleichzeitig Deiner mentalen Gesundheit zugute. Und wenn es nicht mehr geht, nimm professionelle Hilfe in Anspruch. Du suchst ja auch die Ärztin auf, wenn der Körper nicht funktioniert, also keine Scheu vor der Psychologin oder der Psychotherapeutin, wenn Deine Seele Hilfe braucht.

Ich habe zu Beginn meiner 30er Jahre ein Buch gelesen, das meine Sicht auf Krisen radikal verändert hat. Geschrieben hat es die US-amerikanische Journalistin Gail Sheehy, und es heisst „Passages: Predictable Crisis of Adult Life". Der deutsche Titel lautet „In der Mitte des Lebens: Die Bewältigung vorhersehbarer Krisen". Bis dahin dachte ich, mit 30 müsste ich fertig entwickelt sein, müsste mein Leben voll im Griff haben und mit allen Situationen zurecht kommen, und wenn mir das nicht gelingt, dann ist das ein individuelles Problem und eine Unzulänglichkeit von mir. Bis ich dieses Buch las.

Die Autorin beschreibt typische Entwicklungen und Krisen im Leben. Etwa alle sieben bis zehn Jahre erleben wir eine Lebenskrise, weil wir uns weiterentwickeln und häuten, und sie beschreibt die typischen Krisen in unseren 20er Jahren, den 30er Jahren, den 40er

---

[9] Krankenkassen.Deutschland. (2025). *Vorsorgeuntersuchungen – Nicht in ausreichendem Masse wahrgenommen.* https://www.krankenkassen.de/gesetzliche-krankenkassen/leistungen-gesetzliche-krankenkassen/gesetzlich-vorgeschriebene-leistungen/gesetzliche-krankenkassen-Vorsorgeuntersuchungen/

[10] Robert Koch-Institut (Hrsg). (2021). *Psychische Gesundheit in Deutschland. Erkennen – Bewerten – Handeln, Schwerpunktbericht Teil 1 – Erwachsene,* Gesundheitsberichterstattung des Bundes. Gemeinsam getragen, von RKI und Destatis. RKI, Berlin). https://www.rki.de/DE/Themen/Nichtuebertragbare-Krankheiten/Psychische-Gesundheit/Psychische-Gesundheit-und-Stoerungen/EBH_Bericht_Psychiche_Gesundheit.pdf?__blob=publicationFile&v=1

Jahren etc., über die Menopause bis ins hohe Alter, getrennt nach Männern und Frauen. Männer und Frauen erleben diese Krisen nämlich zu unterschiedlichen Zeiten – wahrscheinlich mit ein Grund, warum Partnerschaften auseinanderbrechen, einfach an Ungleichzeitigkeit. Weil alle Menschen mit den Jahren diese normalen Entwicklungskrisen durchschreiten, spricht die Autorin auch nicht von Krisen, sondern von Passagen und Häutung: Wir streifen eine alte Haut ab, weil unter ihr eine neue nachgewachsen ist.

Das ist nicht nur Semantik. Ich finde es nach wie vor sehr tröstlich, dass ich nicht allein bin mit meinen seelischen Häutungsschmerzen, dass vieles daran normal ist, und dass ich nie, nie, nie fertig werde. Nicht mit mir und nicht mit der Welt. Ich werde ins Grab sinken und immer noch nicht fertig sein. Daher geht es darum, nicht auf das Fertig-Werden zu warten und sich bis dahin als unzulänglich zu erachten, sondern in den Zwischenräumen der Zeit zu leben. Immer und überall da, wo wir gerade sind.

Dabei frage ich mich immer, welche Änderungen in meinem eigenen Kontrollbereich liegen, was ich also selbst tun kann, damit es mir wieder besser geht, und was ausserhalb dieser Kontrollzone liegt, und was ich akzeptieren muss, weil ich es nicht ändern kann. Das Wetter ist ein gutes Beispiel dafür.

Sonnenschein tut mir gut, am besten um die 25 Grad mit einer leichten Brise Wind. Am liebsten bitte immer. Leider ist das nicht so. Wetter kann ich nicht ändern, aber ich kann meine Einstellung zum Wetter ändern. Also mag ich's auch, wenn's knackig kalt draussen ist, und die Backen rot werden vom Frost. Und wenn's dauerregnet oder nebelt, ist mein Sofa der gemütlichste Platz der Welt. Gegen lange Winternächte bringt der Weihnachtsglanz Licht ins Dunkel – übrigens wollte ich schon lange mal Polarlichter gucken fahren – und ab Februar lösen die Schneeglöckchen schon die Christrosen ab und im März die Krokusse. Jede Woche gönne ich mir einen Blumenstrauss. Frische Blumen streicheln das Herz, massieren die Seele und bringen einen Hoffnungsschimmer und Farbe in dunkle Tage.

1.7   Mach einen Selbstverteidigungskurs

„Was für ein kurioser Ratschlag unter einem Kapitel über Gesundheit", denkst Du vielleicht, aber das ist er nicht: Frauen sind häufig Opfer von Gewalt, innerhalb und ausserhalb der Familie, manche werden krankenhausreif oder sogar totgeschlagen. Daher lerne frühzeitig, Dich zu wehren als Teil Deines Gesundheitsprogramms. Dabei geht es nicht darum, Judo oder Karate zu lernen, sondern um ein paar wenige Tipps und vor allem um mentale Klarheiten.

Schon allein der Gedanke, dass frau sich wehren kann, gibt Kraft und lässt uns anders auftreten, er nimmt die Angst, sich den öffentlichen Raum (zurück) zu erobern, er stärkt das Selbstbewusstsein. Zum Beispiel mussten wir im Selbstverteidigungskurs, den ich besuchte, zuallererst mit der blossen Faust ein Brett durchschlagen. Konzentrierte Energie. Das Geheimnis des Erfolgs war, mental nicht mit der Faust auf dem Brett zu stoppen, dann reicht nämlich die Kraft nicht, sondern auf ein imaginäres Ziel unterhalb des Brettes zu zielen. Das Durchschlagen des Brettes war tatsächlich eine durchschlagende Erfahrung für mich, von der ich heute noch zehre: Ich bin nicht so schwach, wie ich glaube. Aber ich muss mich fokussieren und dann kraftvoll durchziehen.

Danach mussten wir eine Minute lang auf einen Punchingball Ball einschlagen. Eine Minute ohne Unterlass auf einen Ball einzuschlagen ist eine ziemlich lange Zeit, nach einer Minute waren fast alle ziemlich ermattet. Die Übung sollte demonstrieren: Sich auf einen Ringkampf mit einem Mann einlassen, bringt nichts, obwohl wir ein Brett durchschlagen können, ziehen wir, wenn wir uns auf Kraftkämpfe einlassen, letztlich doch den kürzeren.

Daher: An der Technik feilen und in schwache und weiche Bereiche schlagen. Wir lernten, wie frau gezielt einen Faustschlag setzt, ohne sich selbst die Finger zu brechen und wie und wohin sie am besten schlägt. Jedenfalls nicht auf den Bizeps! Das bringt gar nichts. Bauch auch nur sehr begrenzt, dort sitzen in der Regel zu viele Muskeln und Sixpacks (bei manchen Männern jedenfalls). Aber Hoden, Kehlkopf, Augen und Kniescheiben sind sehr verletzlich, darauf zielen.

Meine wichtigste Erkenntnis war allerdings mentaler Natur: Wer sich wehrt, muss sich gleich richtig wehren, ein Schlag in Notwehr muss sitzen, wir dürfen uns nicht auf einen Ringkampf einlassen oder denken „Huch, jetzt tun wir dem Mann aber weh." Dann wird das nämlich nichts mit der Selbstverteidigung.

Mindestens ein Drittel des Wochenendkurses war daher eine mentale Vorbereitung für uns selbst, wie weit wir in Notwehr gehen würden, und wovor wir eventuell zurückschrecken. Um es zugespitzt zu formulieren: Sind wir bereit, in Notwehr so effizient zuzuschlagen, dass der Angreifer möglicherweise stirbt? Diese Frage muss jede für sich entscheiden, aber ihre Beantwortung ist zentral für die Vehemenz und Effizienz, mit der wir uns wehren. Dies gilt auch für Gewalt in der Familie.

Ich musste Gott sei Dank bisher noch nie die Schläge anwenden, die wir im Wochenendkurs gelernt haben. Aber allein die Tatsache, dass ich ein Brett durchschlagen konnte, dass ich weiss, wohin ich im Notfall ziele, und dass ich für mich selbst Klarheit über die mentale Frage, wie weit ich bei Notwehr gehen würde, geschaffen habe, gab und gibt mir mehr Selbstsicherheit, mich im öffentlichen Raum zu bewegen. Und wer selbstsicher auftritt, wer sich nicht schon wie ein Opfer bewegt, wird weniger leicht angegriffen. Das ist der eigentliche Wert eines Selbstverteidigungskurses.

Ausserdem habe ich mir seither eine Trillerpfeife an meinen Schlüsselbund gebunden und halte sie in meiner Jackentasche in der Hand, wenn ich durch dunkle Strassen laufe, damit ich rasch auf mich aufmerksam machen kann, wenn ich in eine brenzlige Situation kommen sollte.

Selbstcoachingfragen

- Wie wohl fühle ich mich in meinem Körper? Auf einer Skala von 1 bis 10, wo stehe ich da? (1 = ich fühle mich gar nicht wohl, 10 = ich fühle mich sehr wohl)
- Was tue ich bereits für meine Gesundheit? Was habe ich schon geschafft?
- Was möchte ich verbessern? Was ist mein wichtigstes Teilziel, das ich im nächsten Jahr erreichen will?
- Welchen Unterschied wird dies machen?
- Was ist die kleinstmögliche Aufgabe oder Aktivität, die ich jetzt sofort erledigen kann, um meinem ersten Teilziel (eine Stufe weiter auf der Skala von 1 bis 10) auch nur einen kleinen Schritt näher zu kommen?
- Woran merke ich, dass ich eine Stufe weitergekommen bin?
- Welche gesundheitsfördernden Aktivitäten kann ich problemlos in meinen Alltag integrieren, ohne extra Zeit dafür aufzuwenden?
- Was sind die Hindernisse, weshalb ich nicht aktiv werde? Wie kann ich meinen inneren Schweinehund überwinden?

Bildung

2

Gute Bildung und eine fundierte Ausbildung sind das A und O Deiner aktiven Teilhabe an der Welt, sie sind das Fenster zur Welt. Bildung sticht alle anderen Investitionen. Sie ist die Grundlage Deines Berufes und Deiner wirtschaftlichen Unabhängigkeit. Bildung ist in Deutschland im wesentlichen kostenlos zu haben, es gibt keine Ausrede ausser der eigenen Faulheit, diese Chancen nicht zu nutzen. Neben und mit dem schulischen Pflichtprogramm solltest Du zumindest Englisch und mit Computern und digitalen Anwendungen umgehen lernen. Auch praktische Kenntnisse sind wichtig für den Alltag. Eine Ausbildung allein reicht heute nicht mehr. Weil die technologische Entwicklung so rasant verläuft, sind Weiterlernen und Immer-Mitlernen angesagt. Bildung ist eine lebenslange Reise. Deswegen ist es angebracht, dass Du lernst, wie Du lernst, und dass Du neugierig bleibst und nicht aufhörst zu lernen.

2.1   Investiere in Deine Bildung – Wissen ist Macht

Gute Bildung und eine fundierte Ausbildung sind das A und O Deiner aktiven Teilhabe an der Welt. Sie bereichern nicht nur Dein persönliches Leben durch neue Einblicke und ein erweitertes Verständnis dessen, was um Dich herum passiert, sondern sie sind auch die Grundlage Deines Berufes und Deiner wirtschaftlichen Unabhängigkeit. Wirtschaftliche und finanzielle Unabhängigkeit stärken Dein Selbstbewusstsein und geben Dir die Freiheit, Deine Möglichkeiten zu leben, und auch die Freiheit, eine zerstörte Partnerschaft zu verlassen, wenn es sein muss, und selbständig neue Wege zu gehen.

Daher nimm Dir die Zeit für eine gute Schulbildung mit anschließender Berufsausbildung, sei es in einem Lehrberuf oder an der Universität. Eine gute Schulbildung mit Abschluss ist in Deutschland kostenlos zu haben, es gibt keine Ausrede ausser der eigenen

© Der/die Autor(en), exklusiv lizenziert an Springer Fachmedien Wiesbaden GmbH, ein Teil von Springer Nature 2026
T. Emmerling, *Es ist Zeit, nimm Dir Deine Hälfte der Welt!*,
https://doi.org/10.1007/978-3-658-49991-4_2

Faulheit, diese Chance nicht zu nutzen! Wer danach eine Lehre aufnimmt, erhält in der Regel eine Bezahlung, wenn auch nicht üppig. Deutsche und viele europäische Universitäten können – abgesehen vom Semesterbeitrag – immer noch weitgehend kostenfrei besucht werden, für die Studienzeit lassen sich Bafög oder ein Stipendium beantragen. Für die eher praktisch Orientierten gibt es Fachhochschulen und duale Ausbildungen.

Welch ein Privileg eine im wesentlichen kostenlose Ausbildung ist, machen wir uns erst im Nachhinein klar: Nur weil in meiner Jugend das Schulgeld abgeschafft und Lehrmittelfreiheit eingeführt wurde, schickten mich meine Eltern auf das Gymnasium: In die Schule musste ich ja sowieso, und da die weiterführende Schule nichts zusätzlich kostete, sollte ich mir diese nicht entgehen lassen, sofern ich sie schaffte. Das war ihre Devise. Dasselbe galt nach dem Abitur für die Universität. Auch sie kostete nichts, außer Semesterbeiträgen und meinem Lebensunterhalt, zum Lernen musste ich mich halt auf den Hosenboden setzen. Krankenversichert war ich noch – ebenfalls kostenfrei für mich – über die Familienversicherung meiner Eltern.

Meine Eltern finanzierten grosse Teile meiner Lebenshaltungskosten im Studium, aber ich verdiente auch immer selbst noch über kleinere Neben- und Ferienjobs hinzu. Ausbildungskosten und Lebenshaltungskosten während einer Ausbildung sind keine Kosten, sondern als eine Investition in sich selbst zu betrachten. Die Investition in meine Bildung und Ausbildung war sogar die allerbeste Investition, die meine Eltern in ihrem Leben je getätigt haben. Sie hat reichlich Früchte getragen. Natürlich gehören wir auch selbst dazu, womit wir uns beschäftigen und was wir lernen, wie viel Zeit und Energie wir in unsere Bildung stecken, was wir dann daraus machen und wie (teuer) wir uns anschliessend auf dem Arbeitsmarkt verkaufen.

Die nach wie vor im wesentlichen kostenlose Bildung in Deutschland, aber auch in Österreich oder der Schweiz mit geringen Studiengebühren und vielen anderen europäischen Ländern, sind eine Riesenchance im Vergleich zu angelsächsischen Ländern oder den USA, wo der Besuch einer Universität oder eines Colleges oft mit hohen Gebühren verbunden ist. Wenn in den USA ein Kind geboren wird, legen die Eltern einen Sparplan an, in den sie jahrelang einzahlen, damit sie später die Kosten für das College stemmen können. Viele Studenten nehmen Ausbildungskredite auf und stecken dann beim Start in die Berufstätigkeit bereits im Hamsterrad der Verschuldung. All dies ist in Deutschland und den meisten europäischen Ländern dank Bafög, Ausbildungsbeihilfen und Stipendien nicht der Fall, darum: Ergreife Deine Bildungschancen! Sie liegen wirklich auf dem Weg. Nimm sie mit, halte sie fest, mach was Sinnvolles für Dein Leben draus!

Beim Lernen lautet die Devise: Was das Lottchen nicht lernt, lernt Lotte nurmehr schwer. Je früher Du etwas lernen kannst, desto leichter und spielerischer lernst Du. Das gilt für alles, von Fremdsprachen über IT oder ein Musikinstrument bis zu Sport. Was ich nicht in der Schule gelernt oder während des Studiums ausprobiert habe, habe ich mir später vergleichsweise mühselig beigebracht, und ich wende diese Kenntnisse nicht mehr mit derselben Leichtigkeit an.

Zum Beispiel haben mich meine Eltern noch vor dem Schulstart Radfahren und Schwimmen gelehrt, und heute schwimme ich wie ein Fisch im Wasser und radle mit grosser Sicherheit über Stock und Stein. Mit 17 Jahren lernte ich Autofahren und hatte zu meinem 18. Geburtstag den Führerschein in der Hand. Wir lebten auf dem Dorf und abends fuhren keine Busse mehr (bis auf den um 23 Uhr, aber den durfte ich nicht nehmen, schien meinen Eltern zu gefährlich in der Nacht). Das Auto eröffnete mir dann mit der Volljährigkeit plötzlich Freiräume, die ich vorher nicht gekannt hatte. Schnell hatte ich Praxis und nach einigen Jahren war mir Autofahren in Fleisch und Blut übergegangen, es war voll automatisiert.

Segeln habe ich erst um die 40 gelernt, und obwohl ich auch immer wieder gesegelt bin, bewege ich mich nicht mit derselben Selbstverständlichkeit und Furchtlosigkeit auf dem Wasser wie auf der Straße. Dasselbe gilt für Fremdsprachen: Englisch musste ich ab der 5. Klasse pauken und spreche es heute fließend, Französisch kam zwei Jahre später dazu, war schon holperiger, aber mit Übung ging's dann doch. Wohingegen Spanisch, das ich erst mit etwa 35 Jahren begonnen habe, sehr viel weniger automatisiert ist, obwohl es eine vergleichsweise leichte Sprache ist. Gerade versuche ich, heute über 60, Italienisch zu lernen, und es will gar nicht mehr in meinem Kopf bleiben, es geht zwar hinein, aber auf der anderen Seite fällt es gleich wieder hinaus.

Also: Ran an das Lernen, so früh wie möglich, so viel wie möglich! Ich schreibe extra: So viel wie möglich, nicht, soviel wie nötig! Du lernst nämlich nur für Dich und Dein Leben, nicht für irgendeine Schule. Es gibt keine Ausrede für das Nicht-Lernen-Wollen, keine einzige! Alles, aber auch alles, was ich gelernt habe, habe ich schon gebraucht in meinem Leben, irgendwann, in irgendeinem Zusammenhang – oder ich hätte es gebrauchen können, wenn ich in der Schule besser aufgepasst hätte.

Und wenn Du einmal gelernt hast, gilt: Use it or lose it! Also immer gleich schön anwenden, was Du gelernt hast, sonst verflüchtigt es sich, vor allem bei Sprachen und bei Computerprogrammen, sehr schnell.

„Sich zu bilden heisst, lernen zu wollen, wie alles geschieht", sagte schon der alte Grieche Epiktet. Bildung ist spannend. Sie ist ein Fenster zur Welt, durch das Du gehen und damit aktiv an der Welt teilhaben kannst. Bildung erschließt Dir völlig neue Welten und gibt Dir den Schlüssel, weitere neue Welten zu entdecken. Fremdsprachen öffnen Dir ganze Kontinente und schärfen das Verständnis für fremde Kulturen, IT-wissen ist das Tor zur virtuellen Welt, Wirtschaftswissen öffnet Dir die Augen für die unsichtbaren Marktmechanismen, die unser wirtschaftliches und finanzielles Leben bestimmen und zusammenhalten.

Je mehr Du weisst, desto mehr siehst Du auch. Denn oft sehen wir nur, was wissen. Das kennst Du von jedem Reiseführer: Manche Sehenswürdigkeiten entdeckst Du nur, weil der Reiseführer Dich darauf aufmerksam gemacht hat, ansonsten wärst Du achtlos und verständnislos an ihnen vorbeigeschlendert.

Zusammen mit Gesundheit ist Wissen die wichtigste Investition, die Du in Dich selbst tätigen kannst, nichts wirft eine höhere immaterielle und materielle Rendite ab. Beide geben Dir Selbstvertrauen: Wenn Du gesund bist und genügend im Kopf hast, kannst Du immer auf Deinen eigenen Beinen stehen und kommst durch diese Welt. Verfolge Deine Bildung und Ausbildung daher kompromisslos und lass Dich nicht ablenken. Sie sind der

Garant dafür, dass Du Dich später selbst ernähren kannst. Und bleib dran: Was Du heute lernst, kann morgen schon veraltet und wertlos sein, deswegen ist lebenslanges Mitlernen angesagt, dazu mehr in Abschn. 2.7.

Alles, was Du im Kopf hast, kannst Du überall hin mitnehmen, immer. Meiner Mutter, die auch durch die Flüchtlingszeit im Nachkriegsdeutschland geprägt war, hat mir das eingebläut: Wissen kannst Du immer mitnehmen, wohin Du auch gehst. Keiner kann es Dir wegnehmen. Du musst es nirgends zurücklassen, falls Du einmal fliehen musst.

Auch heisst es nicht umsonst: „Wissen ist Macht". Wer weiss, warum die Welt wie funktioniert, kann sich freier und selbstverständlicher darin bewegen. Wissen ist die Trumpfkarte. Auf Neudeutsch heisst es Informationsvorsprung. Wer sich einen Informationsvorsprung erarbeitet, hat häufig im Beruf die Nase vorn. Daher: Neugierig bleiben, Augen auf, Ohren auf und lernen!

Auch wenn wir, je mehr wir wissen, erkennen, wie wenig wir eigentlich wissen, teile ich nicht die Sprüche der Spontibewegung „Wissen ist Macht. Ich weiss nichts, macht nichts" oder der Couch Potatoes „Wissen ist Macht, nichts wissen macht nichts." Nein, Wissen macht schlau. Bildung öffnet die Augen und ist der Schlüssel zur Welt. Bildung ist die mächtigste Waffe, die Du verwenden kannst, um die Welt zu verändern, sagte der südafrikanische Freiheitskämpfer, südafrikanische Präsident und Friedensnobelpreisträger Nelson Mandela.

Du solltest Dich daher nicht schlafen legen, ohne Dir selbst Rechenschaft darüber abzulegen, was Du an diesem Tag gelernt hast. Das können Fakten sein, das kann eine Erfahrung sein, das kann das Kennenlernen neuer Methoden sein. Lass jeden Abend vor Deinem geistigen Auge Revue passieren, was neu war an diesem Tag und was Du gelernt hast. Ich selbst führe seit einiger Zeit sogar ein kleines „Lernbuch", um mir vor Augen zu halten, was und wie viel ich neu gelernt habe. Besonders im Rückblick ist das spannend.

Bildung ist nicht auf die Schule und die Ausbildung begrenzt, Bildung und Weiterbildung ziehen sich durch Dein ganzes Leben. Bis zu einem gewissen Grad können sie gut geplant werden. Zuweilen hüpfen wir aber auch, zumindest im Alltag, von Lerninsel zu Lerninsel, oder verlegen uns aufs Zufallslernen. Wichtig ist, Augen und Ohren immer offen zu halten und mitzudenken.

Bildung ist fesselnd und spannend: Wir können immer neue Räume durchschreiten, es ergeben sich immer neue und tiefere Zusammenhänge, der Blick kann immer noch weiter geschärft werden. Wenn Du dann Bildung mit Neugierde, gesundem Hausfrauenverstand und Herzensbildung kombinierst, kommst Du ziemlich gut durchs Leben.

2.2   Pauke Englisch als Minimum – Sprachen sind ein Tor zur Welt

Englisch ist die Königin und Nummer 1 unter den Fremdsprachen. Wenig zahlt sich mehr aus als gutes Englisch, gesprochen, geschrieben, gehört. Beginne so früh wie möglich, pauke es in der Schule, sprich Englisch mit wem auch immer, lies englischsprachige Zeitungen und Bücher, schaue BBC oder CNN, ziehe Dir bei Netflix amerikanische Serien mit Untertiteln rein, arbeite mit englischen Lehrbüchern an der Universität. Reise nach Irland und ins Vereinigte Königreich, nach Malta und in die USA, nach Kanada, Australien, Neuseeland, Indien oder Singapur und die Karibik.

Die Wissenschaft arbeitet heute weitgehend auf Englisch, internationale Kongresse und Tagungen werden auf Englisch abgehalten, global operierende Unternehmen arbeiten häufig auf Englisch, selbst wenn sie ihren Sitz in Deutschland haben. Es reicht heute nicht mehr, alles gut auf Deutsch zu beherrschen, zu häufig wird auch Englisch gebraucht. Um erfolgreich zu sein, musst Du Dich daher sprachlich im Englischen so sicher bewegen können wie im Deutschen. Englisch ist Pflicht. Sie ist Lingua Franca.

Alle anderen Fremdsprachen neben Englisch sind immer noch Kür. Wunderbar und ein Startvorteil, wenn Du sie sprichst, aber nicht komplett unabdingbar. Fünf weitere Sprachen öffnen Dir immer noch ganze Kontinente und Kulturen: Französisch, Spanisch, Russisch, Chinesisch und Arabisch. Zusammen mit Englisch sind dies die sechs offiziellen Sprachen der Vereinten Nationen. Jede Investition in eine dieser Sprachen öffnet Dir andere Welten, denn hinter jeder neuen Sprache tut sich eine neue Kultur auf, entdeckst Du neue Traditionen, neue Musik und Literatur. „So viele Sprachen Du sprichst, so viele Leben lebst Du", sagte der Vater meiner Freundin treffend. Wähle, welche Dich am meisten interessieren, für Dich am besten passen und vielleicht auch am leichtesten zu lernen sind – aber sie ersetzen kein Englisch!

Ich selbst spreche neben Englisch noch Französisch (weil ich es im Gymnasium lernen musste), Spanisch (weil ich damit nicht nur nach Spanien, sondern nach ganz Lateinamerika reisen kann) und Russisch (weil es für mich eine sehr schöne Sprachmelodie hat). Meine Freundin lernte Chinesisch. Das ist bei über einer Milliarde Chinesen auf der Welt und der zweitgrössten Volkswirtschaft der Welt sicher eine absolut sinnvolle Investition, allerdings brauchte sie viel Geduld und Durchhaltevermögen, und vermutlich habe ich für Französisch, Spanisch und Russisch zusammen nur minimal mehr Zeit aufgewendet als sie für Chinesisch. In jedem Fall: Eine Investition in eine der sechs UN-Sprachen lohnt sich immer, zusätzlich zu Englisch.

Jede Fremdsprache wird Dich bei der Arbeitssuche für einen bestimmten Markt interessant machen, insofern sind auch weitere Sprachen gut angelegte Zeit. Seien es Türkisch, Schwedisch, Farsi oder Portugiesisch, besondere Sprachkenntnisse heben Dich bei jeder Bewerbung heraus. Meine erste Stelle habe ich vor Jahrzehnten wegen meiner Russischkenntnisse bekommen, sie waren das, was mich von den anderen Bewerber/innen unterschieden hat.

Aber bitte nicht vergessen, Fremdsprachen zu pflegen und zu praktizieren, sonst verschwinden sie allmählich! Wer sich also die Mühe macht, eine neue Sprache zu erlernen, muss sich auch darüber klar sein, dass sie ein ganzes Leben lang angewendet und aktiv gehalten werden muss, zumindest durch regelmässiges Lesen von Literatur und Zeitungen. Und Perfektionistinnen müssen sich bewusst machen, dass sie nie fertig werden mit dem Sprachen lernen.

Wer bereits zwei Sprachen in der Familie spricht, ist besonders privilegiert. Ich kenne Kinder, die mit vier Sprachen aufgewachsen sind: deutsche Mutter, portugiesischer Vater, französischer Kindergarten, Englisch als erste Fremdsprache in der Schule. Ich gehöre nicht zu denen, die diese Kinder für überfordert halten, denn ich habe zu viele erfolgreiche Beispiele viersprachiger Kinder in Brüssel gesehen: Französisch und Flämisch im Alltagsumfeld, Englisch als erste Fremdsprache, dann noch zwei Sprachen in der Familie. Manche reichen Familien lassen ihre Kleinkinder mittlerweile Chinesisch lernen. Kinderhirne sind ungeheuer plastisch und aufnahmefähig. Also nichts wie rein damit an Fremdsprachen, solange sie noch spielerisch gelernt werden können. Ok, die Rechtschreibung im Deutschen sitzt dann vielleicht nicht ganz so gut – aber seit der Rechtschreibreform ist ohnehin fast alles erlaubt, Rechtschreibfehler fallen also gar nicht mehr so auf.

Ja, es gibt Google Translate, und es gibt zunehmend KI-Anwendungen zum Übersetzen und Dolmetschen. Das ist praktisch für das Reisen in Länder, in denen wir sonst nichts verstehen würden. Aber das ist wie Laufen mit Krücken – wir können gehen, aber halt doch nicht schnell und weder weit noch lang. Google Translate erleichtert zwar das Reisen, aber es fördert weder das Gedächtnis (Verben lernen, haha), noch versetzt es uns in das Weltbild und die Denkweise eines anderen Volkes, in seine Kultur, seine Literatur, seine Musik und seine Traditionen. Also, ich habe Fremdsprachen lieber im Kopf dabei, da kann ich sie nicht verlieren. Sprachen sind und bleiben ein Tor zur Welt.

2.3　Werde nicht zur Analphabetin des 21. Jahrhunderts – Ohne IT geht heute nichts mehr

Ich bin museal. Ich habe noch mit Technik gearbeitet, die heute im Museum steht: Meine Hausarbeiten im Studium hackte ich in die mechanische Schreibmaschine, zum Korrigieren der Fehler gab's Tipp-Ex. Entsprechend malträtiert sahen die Seiten aus. Als Werkstudentin arbeitete ich auf einer elektrischen Schreibmaschine mit Floppy-Disk – da konnte ich zuerst speichern und korrigieren und anschliessend ausdrucken, schon besser. Meine Diplomarbeit schrieb ich bereits in den Computer, ich konnte meine Sätze polieren und umstellen, solange ich wollte, Ausdrucke sahen immer makellos aus. Himmlisch.

Als Redakteurin gehörte ich zur neuen Generation, die selbst tippte, die Älteren diktierten ihre Texte noch den Infotypistinnen in die Finger. Die Typistinnen wurden schnell eingespart. Dann begann ich in der Verwaltung, da gab es schon Personal Computer und gerade wurde die E-Mail eingeführt, eine E-Mail durfte aber nur ein paar Wörter umfassen und Dokumente anhängen ging nicht. Bald danach konnte ich Anhänge mitschicken und E-Mails verschlüsseln. Funktionale Mailboxesnwurden eingeführt, sprich: Keiner fühlte sich mehr direkt zuständig. Wir entdeckten das Internet. Das war auch die Zeit, als Onlinebanking begann. Mit dieser Technik und meiner Festplatte auf dem Personal Computer arbeitete ich komfortabel viele Jahre und auf der Höhe der Zeit.

Dann kam die Cloud, und plötzlich wurden meine Texte in der Cloud gespeichert, und mehrere Kollegen konnten an einem Dokument gleichzeitig arbeiten. Es gab Speicher für das Referat, für die Abteilung, für die ganze Dienststelle. Das frühere Herrschaftswissen, in der Festplatte eines Kollegen versteckt und wie ein Augapfel gehütet, fand sich plötzlich für alle zugänglich und jederzeit abrufbar als allgemeine Information wieder.

Verwaltungsvorgänge wurden digitalisiert. Was bislang mit dem Boten bequem in ein Ablagekörbchen auf dem Schreibtisch hereingebracht wurde, versteckte sich plötzlich als Datensatz in einer Datenbank, die ich lernen musste zu durchsuchen und zu bedienen. Natürlich gab's für jede Art von Vorgang (Anträge, Vermerke, Urlaub, Dienstreisen, Fortbildung etc.) ein anderes System. Als die Krankenkostenabrechnung digitalisiert wurde, konnte ich meine Abrechnungen nicht mehr delegieren, sondern musste sie im System selbst erledigen. Drei Viertel der Sekretärinnen wurden eingespart und die restlichen – oft nur eine pro Abteilung – zu Assistentinnen umdeklariert. Die Digitalisierung automatisierte zwar vieles, aber meine eigene Arbeitsbelastung hat sich, wenn ich zurückschaue, um mindestens die Hälfte verdoppelt.

Mein Handy wurde in ein Smartphone umgetauscht – ja, mit dem kann ich auch telefonieren, aber in Wirklichkeit ist es ein Computer – ich konnte auf einmal auch in der Freizeit meine E-Mails lesen und beantworten, konnte Apps nutzen, streamen, Fahrkarten buchen, die Nachrichten schauen, Radio hören etc. Das Ding ist heute nicht mehr wegzudenken, es ist das Tor zur virtuellen Welt, einer völlig neuen, erweiterten und zusätzlichen Dimension des Lebens.

Dann kam Corona, und ich lernte, auf verschiedenen Plattformen verschiedene Videokonferenzen abzuhalten, auch aus dem Urlaub auf dem Handy. Ich lernte Microsoft 365 und dann tauchte ChatGPT auf. Es ist so rasch gegangen, das Rad der Digitalisierung dreht sich immer schneller, die KI steht ja erst am Anfang. Wer nicht mitlernt, wird gnadenlos abgehängt, gehört in wenigen Jahren zum alten Eisen. Wie die Generation meiner Eltern, die zum Teil noch voll analog unterwegs ist, und die Welt nicht mehr versteht. Analphabeten des 21. Jahrhunderts.

Du musst ja keine IT-Expertin werden (wäre trotzdem durchaus gut!), aber Du solltest schon die gängigen Tools nutzen können, die auf dem Markt sind. Ich wage keine Empfehlung abzugeben, was genau Du einigermassen können solltest, mit der Künstlichen Intelligenz, den grossen Sprachprogrammen und der Robotisierung stehen wir am Anfang eines neuen revolutionären Technologieschubs, dessen Ausmasse noch nicht abzusehen sind. Aber eines ist klar: Wir müssen den Wandel mitgehen und ständig mitlernen.

Gleichzeitig müssen wir darauf achten, nicht im Bildschirm zu leben. Ein virtuelles Lagerfeuer spendet keine Wärme, ein online Gespräch keine körperliche Nähe und die Sonne auf der Haut, der Sand unter den blossen Füssen, das Rauschen des Meeres und die Salzluft an der See sind nur in der realen Welt zu erleben. Echte Erfahrungen, Erlebnisse, soziale Nähe und Liebe, die grossen Bausteine für ein erfülltes und glückliches Leben, gibt es nur in der „normalen", realen Welt.

Es geht also darum, die Vorteile der virtuellen Welt zu nutzen, sich aber nicht darin zu verlieren oder sich aus der Realität in die Isolation zu flüchten. Auch müssen wir uns vor Datenmissbrauch, Manipulation und Überwachung schützen und die existierenden Datenschutzoptionen nutzen (lernen). „Digital Detox" heisst der neue Trend gegen Dauerunterbrechungen aus E-Mails und Pushnachrichten, Chats und Multitasking. 200 mal schauen wir am Tag auf unser Handy, schreibt die Techniker Krankenkasse und empfiehlt, Smartphone-freie Zeiten (zum Beispiel ab 21 Uhr) und Orte (zum Beispiel das Schlafzimmer oder beim Essen am Tisch) für sich selbst festzulegen – und sich dann auch daran zu halten. Mein Neujahrsvorsatz war, nur noch zweimal am Tag auf mein Handy zu blicken und dort E-Mails und Nachrichten zu beantworten. Reicht völlig, was das Ergebnis betrifft. Weil aber das Suchtpotential von Smartphones so hoch ist, schaffe ich nur zweimal am Tag oft nicht, vier- oder fünfmal ist realistischer.

Ich habe eigentlich keine Lust, mich ständig mit computertechnischen und digitalen Neuerungen zu beschäftigen oder die Labyrinthe der Apps auszukundschaften, denn sie sind nur Tools für mich, Mittel zum Zweck, nicht der Zweck an sich. Ich gestehe, dass ich deshalb bereits von meiner Tochter abhängig bin. Sie rollt schon mit den Augen, wenn ich irgend etwas ins digitale Nirwana versenkt habe, und sie es dann suchen soll. Ein Alarmzeichen! Ich habe zähneknirschend akzeptiert, dass heute die alte Herrgottsschnitzerin nicht mehr der jungen Herrgottsschnitzerin zeigt, wie man Herrgotte schnitzt, sondern umgekehrt. Die Welt steht kopf, zumindest digital, haha. Eigentlich schreibe ich daher dieses Kapitel vielleicht eher für mich als für Dich?

Also, so toll ist es mit meinen IT-Kenntnissen leider nicht her, und ich habe – aus Zeitmangel, aber auch aus Lustmangel – viele Chancen nicht genutzt, IT-Anwendungen systematischer zu lernen. Dabei bieten viele Arbeitgeber Weiterbildungen an, das Internet ist voller Fernkurse und selbst kostenloser Onlinekurse. Es gibt also keine wirklichen Ausreden, nicht mitzulernen. Es war ein riesengrosser Fehler von mir, die hands-on Fortbildungsangebote während meines aktiven Dienstes nur rudimentär anzunehmen und nur das Minimum zu lernen, das ich so eben brauchte. Das soll Dir nicht passieren. Du bist ja noch jung, mit einem noch unendlich scheinenden Stück Leben noch vor Dir. Also lass Dich auf technologische Neuerungen ein, bleib dran, lern mit, aber verliere Dich nicht im virtuellen Raum, bleib kritisch und verhafte Dein Leben in der realen Welt.

Was mich betrifft, so ist mein Wille da, zähneknirschend weiter mitzulernen und mitzugehen anstatt zur Analphabetin des 21. Jahrhunderts zu werden. Wo ein Wille ist, ist auch ein Weg, ich muss ihn nur gehen. Mein Mantra dabei: So schwer kann's nicht sein, alle Teenager können das schon und den Schulabschluss habe ich ja auch geschafft.

2.4   Wer, was, wie, wo, wann, warum – Wer nicht fragt bleibt dumm

Hast Du als Kind die Sesamstrasse geschaut? Dann kennst Du wahrscheinlich das Sesamstrassenlied? „Der. Die. Das./ Wer. Wie. Was./ Wieso. Weshalb. Warum./ Wer nicht fragt, bleibt dumm." Dann weisst Du eigentlich schon fast alles. Dann weisst Du nämlich, dass Du vieles über Hinschauen, Nachdenken und dann Fragen stellen – und bei der Antwort gut hinhören! – lernst. Fragen stellen ist ein überall einfach anwendbares Lerntool und in seinen Auswirkungen eine überraschend hohe Kunst. Fragensteller zeigen Lücken auf. Fragensteller sind unbequem. Fragensteller sind Weichensteller.

Zum Alltagsgebrauch habe ich mir den Sesamstrassenohrwurm leicht abgewandelt: „Wer, was, wie, wo, wann, warum – wer nicht fragt bleibt dumm." Diese sechs banalen W-Fragen habe ich als junge Nachrichtenjournalistin gleich zu Beginn eingebläut bekommen (war nicht so schwer, ich kannte sie ja aus der Sesamstrasse). Sie haben mich als zuverlässige Wegbegleiter durch mein Leben geführt und nie in die Irre, auch als ich schon lange nicht mehr Journalistin war. Ich war im Berufsleben immer wieder erstaunt, wie oft im Grunde gut ausgebildete Mitarbeiter und Mitarbeiterinnen diese sechs W-Fragen ignoriert haben – um dann halbgare und unklare Texte abzugeben, die zu Nachfragen nur so einluden und manchmal ganz verworfen werden mussten. Dem Ansehen der Verfasser und Verfasserinnen war das nicht zuträglich.

Dabei sind die W-Fragen so einfach anzuwenden und so effektiv! Wenn Du systematisch jeden Text jeweils auf die Antworten auf diese sechs Fragen durchkämmst, kannst Du das Wesentliche rasch erfassen, lernst gezielter, im Kontext und damit leichter. Du sitzt auch Falschinformationen oder gezielten Vernebelungen weniger schnell auf. Wer umgekehrt beim Schreiben eines Text direkt darauf achtet, Antworten auf die sechs W-Fragen zu erhalten, deren Texte werden durch Klarheit und Informationsgehalt aus der Masse herausstechen. In der Wissenschaft helfen die W-Fragen, Hypothesen abzuklopfen und Irrwege zu vermeiden, bei Gesprächen, ein umfassendes Bild zu bekommen, bei Problemen sind sie nützlich, strittige Punkte zu analysieren und zu verstehen. Wer KI-geschriebene Texte darauf kontrolliert, dass sie alle Antwortelemente enthalten (und dass diese korrekt sind), ist einen grossen Schritt Richtung Aufklärung vorangekommen.

Die Grundstruktur ist denkbar banal: Was ist passiert? Wer hat gehandelt? Wann ist es passiert? Wie ist es passiert? Wo ist der Ort des Geschehens? Warum wurde etwas getan? Was ist das wirkliche Ziel einer Handlung? Wenn sich nicht alle Fragen aus dem Text oder dem Bericht beantworten lassen, dann frage Dich, warum dies der Fall ist und wer möglicherweise ein Interesse daran hat, diese Information wegzulassen.

Besonders gern wird das „Wer" vernebelt, gerade im Beamtendeutsch. Es lässt sich prima durch das Passiv ersetzen, und dann ist auch keiner mehr so wirklich verantwortlich ausser der anonymen Behörde, und es klingt alles unangreifbarer: „Es wird darauf hingewiesen, dass die Frist zur Abgabe der Unterlagen am 15. Februar endet." – „Es wurde ein Fehler im Antrag festgestellt." – „Die Genehmigung wurde aufgrund der vorliegenden Unterlagen erteilt." – „Die Bearbeitung des Antrags wurde verzögert."

Auch in seriösen Berichterstattungen lassen sich durchaus unvollständige W-Informationen finden. Zum Beispiel: „XYZ ist heute Nacht erneut beschossen worden. Es gab drei Tote und vier Verletzte." Wer bitte hat da geschossen? Keine Ahnung. Warum? Schweigen. Wie? Mit Drohnen, Raketen oder im Häuserkampf? Keine Information. Und woher und von wem stammt diese Information, was ist die Quelle? Fehlanzeige.

Überhaupt Quellen. Gerade in Zeiten von Fake News rate ich Dir, immer auf die Quellen zu achten und diese, wenn möglich, zu überprüfen. Von wem stammt eine Information? Ist sie zuverlässig und glaubwürdig? Ist sie wissenschaftlich untermauert? Oder kommt sie von einem einzelnen Experten? Wenn ja, was für ein Experte ist das? Kannst Du die Quellen selbst nachverfolgen? Kannst Du mehrere Quellen vergleichen? Stimmt die Logik mit Deinem eigenen Wissen überein? Hilfreich ist auch, gerade bei Informationen mit politischem Hintergrund, Faktencheck-Webseiten zu konsultieren. Bei Informationen über Deine Echokammer in den sozialen Medien ist besondere Vorsicht geboten, da gerade über sie viele Falschmeldungen verbreitet werden.

Soviel Medienkompetenz muss sein. Eine Demokratie lebt durch eine solide Datengrundlage, auf deren Basis sich dann diskutieren und streiten lässt, um zu informierten Entscheidungen zu kommen. Wenn nicht mehr klar ist, was richtig und was falsch ist, was wahr ist und was unwahr, bröckelt das Vertrauen in Institutionen und das Funktionieren demokratischer Prozesse. Jede Einzelne von uns kann zur Demokratieentwicklung beitragen, indem wir Informationen nicht blindlings glauben, sondern bewusst und kritisch mit ihnen umgehen. Die sechs W-Fragen sind das beste und einfachste Handwerkszeug, das mir dazu einfällt.

Ich bin einmal Journalistin geworden, weil ich auf der Suche nach der Wahrheit war. Dabei habe ich festgestellt: Die beliebteste Art der Wahrheit ist die halbe Wahrheit. Ganze Schwärme von Spin-Doktoren ernähren sich davon, solche Teilwahrheiten ins positive Licht zu rücken oder nur Vorteile darzustellen und die Nachteile einfach wegzulassen. Oder allein den eigenen Standpunkt zu verbreiten, und die Gegenseite einfach zu ignorieren. Demokratiefördernd ist das nicht.

„Always hold the pen", hiess es in meiner Verwaltung: Wer schreibt, bestimmt, was letztendlich Schwarz auf Weiss in einem Text steht. Es geht also mit den sechs W-Freunden nicht nur um Genauigkeit des Ausdrucks und Klarheit der Information, um dadurch die Welt besser zu verstehen. Vielmehr sind sie der Leuchtturm durch den Irrgarten der Informationsfetzen, an dem wir uns orientieren können, wenn wir selbst fundierte und umfassende Informationen verbreiten, um die Welt ein bisschen besser zu machen.

2.5   Selbst ist die Frau: Kauf Dir eine Bohrmaschine und Do-it-yourself

Zur Bildung gehört auch praktische Bildung – zumindest sollten wir bestimmte praktische Dinge des Alltags selbst machen können. Das Mantra meiner Mutter war immer, dass meine Schwester und ich uns selbst ernähren können müssen (Beruf!), aber auch, dass wir nähen, stricken, häkeln und stopfen lernten. Falls die Zeiten einmal schlechter werden, frau nicht mehr alles kaufen kann, sondern mit Phantasie „aus Alt mach Neu" arbeiten muss, wie sie in jungen Jahren.

Ich selbst habe diese Frauenfertigkeiten wenig gebraucht, fand es aber doch ganz praktisch, kleine Risse selbst nähen zu können, weil es zeitsparender ist als sie wegzubringen. Meine näherischen Fähigkeiten bestanden zum Beginn der Coronazeit sogar ihren Praxistest, als Masken Mangelware waren und plötzlich Gesichtsmasken zu schneidern waren...

Noch hilfreicher sind aber ein paar handwerkliche Fertigkeiten, selbst wenn Du sie hasst wie ich. Denn manchmal dauert es viel zu lange, bis der Mann sich schlecht gelaunt endlich erbarmt, etwas zu reparieren oder bis ein Handwerker kommt – wenn denn überhaupt einer auftaucht. Ich habe deswegen einen Do-it-yourself-Kurs besucht fürs Siphon säubern, fürs Auswechseln einer Wasserhahndichtung, fürs Streichen, Malern und Tapezieren. Das ist alles kein Hexenwerk und lernbar. Auch wenn ich mich möglichst um diese Arbeiten drücke, weiss ich, dass ich sie kann, wenn es sein muss. Denn gerade bei kleinen Reparaturarbeiten geht es wirklich schneller, wenn Du sie selbst ausführen kannst. Ein ganzes Haus brauchst Du ja nicht gleich zu renovieren.

Woher unsere Tochter ihre Liebe zum Elektroschrauber entwickelt hat ist mir ein Rätsel. Mit der Muttermilch kann sie sie jedenfalls nicht eingesogen haben. Ich finde es grossartig, dass sie mit Youtube-Anleitungen Regale baut, sich eine Küche zusammenschraubt und Vorhangschienen selbst anbringen kann. Neulich hat sie sich einen Schemel zusammengezimmert. Ich bin mächtig stolz auf sie, wenn sie mit ihrer Bohrmaschine anrückt, um bei uns Lampen anzubringen (Lerntip: Vorher Sicherung ausschalten!) oder kleine Dübel für Bilder in Betonwände zu treiben.

Es lohnt sich, ein wenig Zeit in Do-it-yourself zu investieren, damit wir selbständig bleiben und nicht für jeden Handgriff auf die Hilfe eines Mannes angewiesen sind. Ich spreche hier nicht davon, dass frau alles tun muss. Delegieren ist himmlisch. Aber wir sollten doch einige Grundlagen verstehen und uns an ein bisschen Basishandwerk für den Alltag heranwagen. Baumarktketten bieten gute Do-it-yourself-Kurse für Frauen an, in denen frau die Maschinen selbst in die Hand nehmen und mit ihnen üben kann. Reparaturcafés sind auch ein guter Einstieg.

Also: Zur Bildung gehört auch praktische Bildung. Je mehr wir können und je früher wir dies lernen, desto besser, und möglichst nicht nur Frauen-Handarbeiten, sondern auch handwerkliche Alltagstechnik für den Hausgebrauch. Es entzaubert männliches Herrschaftswissen, von dem wir dann recht schnell feststellen, dass es damit nicht immer so weit her ist – es sei denn, unser Partner ist ein Fan von Hammer schwingen, Wände zertrümmern, spachteln und Holzhäuser bauen (Gibt's! Habe ich selbst gesehen! Deren Partnerinnen stöhnen dann allerdings ob des dabei immer anfallenden Schmutzes und Lärms und fordern Do-it-yourself-freie Zeiten und Zonen in der Wohnung ein.)

2.6 Belege einen Kurs in Rapid Reading

Zusammen mit den W-Fragen hat sich für meine berufliche Entwicklung ein Kurs in Rapid Reading als Arbeitswerkzeug mehr als ausgezahlt. Ich hatte erwartet, dass ich dort schnelleres Lesen lernen würde, damit ich Texte rascher erfassen und verarbeiten kann. Ja, das lernte ich auch. Aber das war nicht das Wesentliche. Das Wesentliche, das mir beigebracht wurde, war vielmehr, *wie* ich lesen sollte und was ich alles *nicht* zu lesen brauchte!

Bis dahin hatte ich mich fast immer brav vom Anfang eines Textes bis zum Ende vorgearbeitet. Das mag für gute Literatur die beste Vorgehensweise sein, immerhin geht es da um den Genuss von stilsicherem und gehaltvollem Text. Aber vor allem für Arbeitstexte, bei denen es weniger auf die Sprache als auf den Inhalt ankommt, ist das zu unökonomisch.

Da kommt es auf gezielte Entscheidungen an, was in einem bestimmten Text überhaupt lesenswert ist.

Zur Anschauung legte der Dozent uns ein 40-seitiges EU-Dokument vor, dessen Inhalt wir in 15 min erfassen sollten – also praktisch unmöglich, alles zu lesen. Dann demonstrierte er, laut überlegend, wie er das Dokument „liest": Erst mal schauen, wie viel Seiten das Dokument hat (Überblick über die Länge), welchen Titel es hat (worum geht's und ist das für mich wichtig?) und wer es geschrieben hat (Autor oder Institution). Wenn schon der Titel nicht relevant ist für mein Vorhaben, dann brauche ich das Dokument gar nicht zu lesen. Also direkt weg mit.

Wenn wir dagegen beschlossen haben, dass wir uns mit dem Dokument weiter beschäftigen, schauen wir seinen Aufbau an. Gibt es ein Inhaltsverzeichnis? Zuerst das lesen und entscheiden, welche Teile überhaupt relevant sind. Gibt es eine Zusammenfassung, entweder am Beginn (angloamerikanische Texte) oder am Ende (kontinentaleuropäische Texte)? Sind die Seiten durchgehend beschrieben, oder enthält der Text viele Schaubilder und Tabellen, die für sich sprechen und vielleicht schon alles enthalten, weil der Text nur um sie herum garniert wurde wie Petersilie um die Wurstplatte und eigentlich irrelevant ist?

Als nächstes fragen wir, ist es ein Originaltext – dann ist er wahrscheinlich teilweise lesenswert, denn immerhin sind wir mit diesem Text an der ungefilterten Quelle. Oder handelt es sich um einen Sekundärtext – dann werden wahrscheinlich nur Teile des Ursprungstextes zitiert und in eine bestimmte Richtung analysiert und interpretiert (welche?), und das wollen wir vielleicht nicht, weil wir uns am Originaltext eine eigene Meinung bilden wollen. Ein Sekundärtext kann, muss aber nicht, ein gutes Literaturverzeichnis enthalten. Vielleicht brauchen wir aber genau das.

EU-Texte oder auch Gesetzesvorhaben sind z. B. oft so aufgebaut, dass sie nach einem kurzen Überblick von etwa einer Seite am Anfang (lesen, wenn das Thema relevant ist für unsere Arbeit) viel Begründungstext enthalten, warum eine bestimmte rechtliche Ausgestaltung notwendig ist, und diese mit reichlich Material unterfüttern (erst mal nicht lesen). Dann beginnt der vorgeschlagene Rechtstext. Der startet aber auch erst einmal mit Erwägungsgründen (nicht lesen), bevor die eigentlichen Paragrafen kommen. Die Paragrafen sind der Kern. Wir überfliegen sie zunächst, um zu entscheiden, welche wir uns genau ansehen müssen, und letztere lesen wir dann genau. Das reicht, um das für uns Wesentliche grob zu erfassen. Im Idealfall suchen wir dann in den Paragrafen nach der Antwort auf unsere Sesamstrassenfragen. Insgesamt lesen wir von dem 40-seitigen Dokument vielleicht zwei oder drei Seiten und wissen trotzdem grob, was geplant ist und wen es wie betrifft.

Der Kurs Rapid Reading befreite mich davon, mich von Dokumentenbergen erschlagen zu lassen. Mit Rapid Reading habe ich sie untertunnelt – und mir fehlte trotzdem nichts an der wesentlichen Information. „Ich lese durch Handauflegen", scherzte mein Ex-Chef, wenn er einmal wieder einen halben Meter Papierberg zugeschoben bekam, den er in einer Nacht verdauen sollte. Rapid Reading hat geholfen, aber nicht so, wie ich vorher dachte, einfach durch schneller lesen, sondern durch Konzentration auf das, was wesentlich ist.

Und das Wesentliche ist einfach und wird von den sechs Sesamstrassenfragen angezogen wie Metall von einem Magneten.

Übrigens trauere ich dem guten alten Printmedienprinzip aus der Zeit des Bleisatzes nach: Vorne stand das Wesentliche, nach hinten wurden die Absätze immer unwichtiger. Damit liess sich beim Umbruch und Platzmangel auf der Seite von hinten Text einfach wegschneiden. Ich habe dieses Schreiben noch gelernt als junge Journalistin. Es war leser-ökonomisch, denn als Leserin wusste ich immer, dass das Wichtigste ohnehin am Anfang gesagt wurde. Heute ist das nicht mehr so. Selbst im Nachrichtenjournalismus finde ich immer häufiger das „Clickbait-Schreiben": Die Überschrift stellt eine Frage (früher völlig verpönt, es durfte damals bei seriösen Medien nur ein Faktum in der Überschrift stehen), die die Leser und Leserinnen in den Text (klick) ziehen soll, und die oft erst am Ende des Textes beantwortet wird. Das ist Schreiben nach Klickraten und zum Generieren von Werbeeinnahmen, aber nicht Schreiben für die eigentlichen Kunden und Kundinnen, die Lesenden. Schade, dass selbst seriöse Medien heute so schreiben und die Orientierung an den eiligen Lesern und Leserinnen aufgegeben haben. Ich bevorzuge daher auch heute noch die Papierzeitung. Sie ist zeitsparender zu lesen und kein „Big Brother", keine „Big Sister" sammelt Daten über mich und mein Leseinteresse.

2.7   Verlasse Deine Echokammer: Lese, lese, lese und lerne, lerne, lerne

Lernen ist Dein Turbo, der Dich weiterentwickelt, Dir bisher ungesehene Möglichkeiten und Chancen eröffnet und Dich immer wieder in eine neue Welt katapultieren kann. Lernen heisst wachsen. Lernen ist eine lebenslange Reise. Lernen hört nie auf. Lernen ist die beste Investition in Dich selbst, die Du tätigen kannst. Wenn Du aufhörst zu lernen, bist Du ganz schnell nicht mehr mit dabei im Spiel und abgehängt, denn gerade die technologische Entwicklung verläuft rasant.

Wenn Du also Dein Jugendleben lang gelernt und einen guten Abschluss Deiner Ausbildung hingelegt hast, dann hört es nicht auf mit dem Lernen, dann fängt es gerade erst an! Dieses Immer-Mitlernen im Leben, dieses Weiterlernen on the job ist allerdings ein ganz anderes Lernen als das systematische Aufnehmen, Verdauen und Ausspucken von Wissensstoff in der Schule, in der Ausbildung oder im Studium. Es gibt keine Noten, kein echtes Lernsystem, keine Lernordnung und kein Lernen im Vergleich mit anderen mehr. Statt dessen ist es viel Selbstlernen, viel Erfahrung sammeln und viel Trial-and-Error – letzteres ist ein charmanter Ausdruck für Fehler machen, sich die Finger verbrennen und dann nie wieder die heisse Herdplatte anfassen. Formale Abschlüsse gibt es auch nicht notwendigerweise.

Während ich beim Lernen für formale Abschlüsse immer wusste, wo ich stand im Vergleich zu anderen, war das bei grossen Teilen der betrieblichen Weiterbildung nicht mehr der Fall. Da habe ich einiges an Fehlern gemacht.

Erstens habe ich mir selbst keine spezifischen Weiterbildungsziele formuliert. Ich floss eher wie ein Stück Treibholz den Lernfluss hinunter statt als Floss mit Ruder auch gegen den Strom navigieren zu können. Zweitens habe, ich, weil ich Sprachen gern mochte, mich vor allem auf Sprachen fokussiert. Die Weiterbildungszeit lässt sich aber oft mit besseren Inhalten als der fünften Fremdsprache füllen. Wie wäre es mit Arbeitstools, Zeitmanagement, Gruppendynamik, Rhetorik, Verhandlungs- und Verkaufsmethoden, Präsentation oder Persönlichkeitsentwicklung stattdessen? Oder Du machst einen Zusatzabschluss, etwas, das Dich von allen anderen abhebt. Drittens habe ich selbst insgesamt zu wenig in meine technologische Weiterbildung investiert, weil ich Technik und IT nicht mochte. Das war ein grosser Fehler. Viertens habe ich erst spät angefangen, ein „Lernjournal" zu führen, in dem ich erfasste, was ich so über einen Zeitraum gelernt hatte, wie weit ich in Bezug auf mein Ziel gekommen war (ich hatte ja zunächst keines) und was als nächstes anstand. Fünftens rekapitulierte ich nicht, was ich gerade neu gelernt hatte und suchte keine Möglichkeiten, das frische Wissen direkt anzuwenden, mit dem Ergebnis, dass viele neu erworbenen Kenntnisschätze direkt wieder durch das dunkle Loch der Versenkung entfleuchten.

Du kannst also einiges besser machen als ich! Was ich während meiner Coachingausbildung lernte, und was ich für ein besonders hilfreiches Tool halte, ist das Lernjournal und das Reflektieren nach jedem grösseren Lernschritt. Continuous Professional Development Log, heisst es im Berufsjargon. Im Continuous Professional Development Log schreibe ich jetzt regelmässig auf, was ich zum Coaching gelesen oder in Weiterbildungskursen gelernt habe, was es mir gebracht hat, und was ich davon mit in meine Zukunft nehmen will.

Das Lernschema ist dabei denkbar einfach und dreistufig und orientiert sich am Lernschema von Borton von 1970: What? So what? Now what? Unter What? schreibe ich, was das Wesentliche eines Textes war. Unter So what? kommt die Analyse der Situation. Und unter Now what? setze ich, was ich mit in meine Zukunft nehmen will. Es braucht immer ein wenig Zeit, zu reflektieren und dieses Lernjournal zu führen, ich empfinde es aber heute als perfektes Lerntool und ärgere mich, dass ich es nicht früher entdeckt habe.

Mit so einem Journal fällt auch die Wiederholung leichter, und ohne Wiederholung geht es nicht. Für mich persönlich gehört das Wiederholen mit zum Langweiligsten, Ödesten und Langwierigsten beim Lernen. Was dabei hilft, ist, schon mal ein Geripppe im Kopf zu haben, in das sich neu Gelerntes einfügen lässt. Dann hat es seinen Platz und wir erinnern es leichter. Wenn Du kein Gerippe hast, dann solltest Du Dir gedanklich erst einmal eines aufbauen.

Ein Beispiel dazu: Mein Akkordeonlehrer besteht darauf, dass ich die Musikstücke nicht nur vom Notenblatt abspielen, sondern auch auswendig spielen können muss. Das Auswendiglernen ist maximal ätzend!!! Er hat mir dann beigebracht, dass mir, wenn ich in kleinen Melodiemotiven denke, diese Mini-Happen einzeln auswendig lerne und sie dann zusammensetze, das Auswendiglernen um einiges leichter fällt, als wenn ich mir die Fingersätze der rechten und linken Hand von A bis Z hintereinander merke. Und das Häppchen-Denken geht auch nur, wenn ich die Melodie schon im Kopf habe, bevor ich in die Tasten greife. Jedenfalls habe ich, seitdem ich Akkordeon lerne, plötzlich eine ungeheure Hochachtung vor Musikern bekommen, und nicht nur vor den auswendig spielenden Pianisten, sondern auch vor allen souverän vom Blatt Spielenden! Ausserdem weiss ich seither, dass Musik das wahrste Gehirn- und Gedächtnisjogging ist.

Lernen kannst Du für Dich selbst, über einen Präsenz- oder einen Onlinekurs, einfach so über Fehler machen und Erfahrungen sammeln oder über Hinschauen und Nachahmen. Ein sehr schönes Zitat zu letzterem stammt vom damaligen Prinz Charles, heute König Charles III des Vereinigten Königreichs: „Auch in einem Königshaus lernt man, wie die Affen lernen: Indem man die Eltern beobachtet."

Ich selbst lerne am besten durch lesen und dann schreiben. Bücher enthalten den Schatz der Menschheitsweisheit. Sie eröffnen uns Einblicke in unberührte Räume, neuartige Gedankenwelten, magische Reiche oder fremde Kulturen. Sie verändern unsere Sicht auf die Dinge und das Leben und damit uns selbst. Der nächste neue Gedanken liegt gerade mal einen Buchrücken weiter und muss nur gehoben – sprich gelesen – werden. Mein letzter Neujahrsvorsatz war, weniger Zeit mit dem Handy und dafür mehr Zeit mit guten Büchern zu verbringen. Mit guten Büchern meine ich hier gute Literatur und gute Sachbücher.

Anstatt in der fünften Newsapp erneut die letzte Neuigkeit von heute im Liveblog zu lesen, die doch alle fast gleichen Inhalts sind, weil sie aus derselben Nachrichtenquelle (meist einer grossen Nachrichtenagentur) stammen und von überarbeiteten, nicht mehr selbst recherchierenden Journalisten nach Clickbaits – also dem Ködern durch reisserische Überschriften statt nach Informationsgehalt – online gestellt werden, lese ich lieber einen fundierten Fachartikel oder ein Sachbuch zum Thema. Da lerne ich viel mehr in der gleichen Zeitspanne.

Bezüglich Literatur will ich gute Sprache lesen und in andere Realitäten eintauchen. Deswegen halte ich mich gern an die Klassiker sowie an Bücher, die einen Buchpreis gewonnen haben. Da ist Minderwertiges automatisch ausgesiebt. Gern frage ich Freunde und Kollegen, was sie gerade lesen und empfehlen können. Das ist übrigens eine reizvolle Smalltalk-Frage für jeden Sektempfang, oder wenn Du einmal zufällig neben Deiner Chefin sitzt und etwas Intelligentes fragen willst! Ich bin seit einigen Jahren Mitglied eines Buchclubs über amerikanische Literatur, und habe in den Büchern mehr über die USA gelernt als über das Reisen, beziehungsweise fokussieren sich meine Augen beim Reisen nun auf ganz anderes als nur Sehenswürdigkeiten.

Der österreichisch-israelische Aphoristiker und Lyriker Elazar Benyoetz hat ein wunderschönes Sprachbild geprägt: „Deine Welt ist nicht grösser als das Fenster, das Du ihr aufreisst." Du hast die Grösse dieses Fensters in der Hand. Vielleicht nicht die Ursprungsfenster – die bauen Dir Deine Eltern ein, und Du siehst erst einmal, was sie sehen. Aber durch Bildung und dann durch konstante Weiterbildung kannst Du unabhängig von Deinem Elternhaus die Fenstergrösse erweitern, den Fokus verändern und in neue Dimensionen vorstossen. Du hast es selbst in der Hand. Leg die Wege frei und lese, lese, lese und lerne, lerne, lerne.

Selbstcoachingfragen

- Was macht mir soviel Spass, dass ich dran bleibe? Was motiviert mich?
- Woran merke ich, dass mir etwas Spass macht?
- Was sind meine Lieblingsbeschäftigungen, bei denen ich mich lebendig fühle?
- Welcher Lerntyp bin ich und wie lerne ich am besten?
- Was sind meine Zeit- und Energieräuber? Wie viel Zeit und Energie bin ich bereit, in meine Bildung zu investieren? Ist Bildung meine Priorität?
- Welches sind meine wichtigsten (Aus-)Bildungsziele für die nächsten fünf/zehn Jahre?
- Welchen formalen Bildungsabschluss/Ausbildung strebe ich an? Was muss ich wann dafür tun?
- In welche Zwischenziele kann ich mein grosses Bildungsziel herunterbrechen? Was bedeutet das für jeden Tag?
- Wie komme ich vom Planen ins Handeln?
- Was kann ich heute tun? Was ist der erste kleine Schritt in diese Richtung, den ich bereits heute erledigen kann?

Im Wort „Beruf" steckt das Wort „Berufung" – also ein durch Fähigkeiten und Neigung vorgezeichneter Weg. Du bist gut in dem, was Dir Spass macht, also finde Dein Ding! Ein Beruf soll uns erfüllen und eine Quelle der Inspiration und des Weiterwachsens sein, nicht nur des Geldverdienens. Setze Dir ein Ziel und breche auf, es zu erreichen: Go for it! Vielleicht gelangst Du nicht ganz an Dein Ziel, aber neben dem Mond gibt es viele Sterne, die Du auch erreichen kannst, wenn Du es nicht bis zum Mond schaffst. Suche in jedem Fall einen sozialversicherungspflichtigen unbefristeten Vollzeitarbeitsplatz und höre nie auf zu arbeiten. Wachse über Deine Komfortzone hinaus, lerne präsentieren und repräsentieren. Investiere in Dein Berufsnetzwerk und achte auf gleichen Lohn für gleiche Arbeit.

3.1 Du bist gut in dem, was Dir Spass macht: Finde Dein Ding

Am Ende der Schulzeit hast Du die Qual der Wahl: Wie weiter? Welchen Beruf soll ich lernen, welches Studium beginnen? Die Auswahl der Bildungsmöglichkeiten ist heute wesentlich vielfältiger und spezialisierter als sie es in meiner Jugendzeit war. Deswegen ist auch die Berufswahl schwerer.

Vorweg die gute Nachricht: Im Wort „Beruf" steckt das Wort „Berufung" – also ein durch Fähigkeiten und Neigung vorgezeichneter Weg. Auch das Wort „Ruf" steckt darin – etwas ruft Dich! Daher geht es bei der Berufswahl zuerst um die Frage: Was mache ich gern, was macht mir Spass? Wir verbringen so viel Zeit unseres Lebens am Arbeitsplatz, das halten wir nur durch, wenn wir das, was wir dort tun, gern tun. Nur was wir gern tun, erfüllt uns ein Leben lang. Und nur in dem, was wir gern tun und was uns Spass macht, werden wir auch wirklich gut und stechen aus der Masse heraus. Ein Beruf soll uns erfüllen

T. Emmerling, *Es ist Zeit, nimm Dir Deine Hälfte der Welt!*, https://doi.org/10.1007/978-3-658-49991-4_3

und eine Quelle der Inspiration, des Weiterwachsens sein, dann stehen wir morgens gern auf und stellen uns dem Tag.

Dicht dahinter folgt die Frage nach der Bezahlung. Wir arbeiten nicht nur aus Altruismus, und der Beruf soll uns ein Leben lang gut ernähren. Er ist auch ein Broterwerb. Also keine falsche Bescheidenheit! Dass wir morgens gern zur Arbeit gehen, soll nicht heissen, dass wir uns billig verkaufen. Insbesondere fordern wir die gleiche Bezahlung wie Männer. Davon später mehr.

Meine Jobs habe ich übrigens immer bekommen über Fähigkeiten und Interessen, die mir Spass gemacht haben, selbst wenn ich diese Kenntnisse später in der Arbeit nicht gebraucht habe. Ich wusste zum Beispiel schon in der Schule, dass ich gern schreibe, Sprachen lerne und reise. Ich ging auch schon immer gern mit Geld um, und politische und Wirtschaftssysteme interessierten mich.

Am liebsten wollte ich Schriftstellerin werden, aber da nur wenige vom Schreiben allein leben können, sollte es mindestens Journalismus sein. Zum Wirtschaftsjournalismus ist es dann nicht weit. Ich habe mich daher zunächst für ein Wirtschaftsstudium entschieden und daneben Russisch gelernt, (damals in Westdeutschland eine ziemlich exotische Sprache), eigentlich nur aus Neugier, aber die Sprache machte mir ausgesprochen Spass.

Nach dem Studium bewarb ich mich um ein Volontariat – und habe es nur bekommen, weil mein künftiger Arbeitgeber gerade händeringend Nachwuchs mit Russischkenntnissen suchte, da sie damals für ihr Moskauer Büro keinen Redakteur gefunden hatten. Um es vorweg zu sagen: Ich habe Russisch nie gebraucht, mit der Wiedervereinigung wurden diese Kenntnisse völlig entwertet, weil es plötzlich viele ostdeutsche Kollegen mit viel besserem Russisch gab, ich bin auch nie ins Moskauer Büro gekommen. Aber ich hatte über Russisch den Einstieg in das professionelle Schreiben geschafft, und später dann den Schritt zum Wirtschaftsjournalismus.

Dass ich nicht dabei geblieben bin, liegt nur daran, dass ich heiratete und Kinder bekam, mein Mann eine Arbeit in Brüssel aufnahm, und mich mein bisheriger geliebter Arbeitgeber partout nicht dorthin versetzen wollte. So suchte ich mir eine neue Stelle in Brüssel und landete über einige Umwege in der Pressearbeit der EU.

Wieder beim Schreiben also, nur aus einer neuen Warte. Das ganze Thema EU entfaltete sich dann 25 Berufsjahre lang in verschiedenen Facetten, Fachgebieten und Funktionen vor mir, und weil ich immer an Systemen interessiert war, faszinierte und begeisterte es mich über mein ganzes Berufsleben – und darüber hinaus. Es gab immer neue (Rechts-)Räume, neue Politiken, Menschen aus vielen EU-Mitgliedstaaten (als ich begann, waren es 15 Mitgliedstaaten, dann wurden es 18, mit der Osterweiterung 28 und mit dem Brexit schrumpfte die Zahl auf 27) und politische Strukturen zu entdecken, später dann die Vereinten Nationen mit zuletzt 193 Mitgliedstaaten aus aller Welt. Mir war nicht einen Tag langweilig.

Im Rückblick bin ich eigentlich immer durch das, was ich sehr gern tat, an meine Jobs und Funktionen gekommen, auch wenn sich die Arbeit, die Arbeitgeber und die Fachgebiete wandelten. Alle paar Jahre öffnete sich eine neue Tür und dahinter lagen neue

Eindrücke, ungeahnte Möglichkeiten und unerwartete Sprungbretter, mit denen ich vorher nicht geplant und nicht gerechnet hatte. Selbst in stilleren Phasen bedeutete die Arbeit für mich das, was ich aus ihr machte. Mein Blick auf sie war entscheidender als die Arbeit selbst.

Ich bin überzeugt, dass wir unserer Berufung folgen und uns beruflich für das entscheiden müssen, was wir gern tun und was uns Spass macht. Nur dann haben wir den langen Atem, das Durchhaltevermögen und die Neugier, weiter zu arbeiten. Denn die Arbeit ist nicht nur Broterwerb, sondern auch ein Tor zur Welt – eine bezahlte Fortbildungsveranstaltung. Folge also dem Ruf, der in Dir steckt.

3.2 Suche einen sozialversicherungspflichtigen Vollzeitarbeitsplatz und höre nie auf zu arbeiten

Dies war und ist mein Credo, und damit nerve ich seit Jahren alle meine Praktikantinnen: Suche einen sozialversicherungspflichtigen unbefristeten Vollzeitarbeitsplatz und höre nie auf zu arbeiten! Jeder jungen Mitarbeiterin habe ich diesen Satz mit auf den Weg gegeben, ob sie ihn hören wollte oder nicht. Ich hoffe, irgendeine andere Frau gibt meiner Tochter diesen Ratschlag mit in ihr Leben, denn wenn er von der Mutter kommt, hört sie vielleicht weniger gut hin und rollt leichter die Augen…

Ein sozialversicherungspflichtiger Vollzeitarbeitsplatz war die wichtigste (unbewusste) Entscheidung, die ich in meinem Leben getroffen habe und wesentlich für die Wahrnehmung all meiner Rechte, für die finanzielle Unabhängigkeit und für ein selbstbestimmtes Leben. Der wirkliche Wert dieser Entscheidung ist mir erst in den Jahren zwischen 50 und 60 bewusst geworden, als ich mich erstmals mit dem Thema Rente beschäftigte.

Es gibt eine ganze Menge überzeugender Gründe für mein Credo:

Erstens: Jede Frau sollte ihr eigenes Geld verdienen und sich selbst ernähren und finanzieren können. Dann braucht kein Mann um Einverständnis für dies oder das gefragt werden. Ein Mann ist kein Ernährer, keine Zahlbank und ausserdem bei Scheidungsraten über 40 % eine viel zu unsichere Partie, als dass frau sich auf ihn für ihre finanzielle Absicherung verlassen könnte. Es gibt keine Alternative zur Selbstversorgung! Ausser Sozialhilfe.

Zweitens: Ein unbefristeter Arbeitsvertrag ist wichtig, um guten Gewissens in jungen Jahren grössere Investitionen tätigen zu können wie eine Wohnung oder ein Haus zu kaufen. Ein fester Arbeitsvertrag macht kreditwürdig, und wer sich in jungen Jahren ein Nest aufbaut, hat länger Zeit zum Abzahlen. Wer in prekären oder befristeten Arbeitsverhältnissen lebt, kann sich das Risiko fester Hypothekarkredite oft nicht leisten oder hat Angst davor, die Raten nach dem Ablauf des Arbeitsvertrages nicht mehr stemmen zu können. Natürlich kann auch ein unbefristeter Arbeitsvertrag gekündigt werden, aber er gibt doch mehr finanzielle Sicherheit als zu wissen, in einem Jahr muss ich erst mal wieder auf Jobsuche gehen.

Drittens: Nur auf einem sozialversicherungspflichtigen Arbeitsplatz kann frau wirklich ihre beruflichen Rechte wahrnehmen, die mit der Mutterschaft zusammenhängen:

Stichwort Mutterschutz, Elternurlaub, Elterngeld. Das gibt Sicherheit. Während des Mutterschutzes darf nicht gekündigt werden, das Gehalt läuft sechs Wochen vor der Entbindung und acht Wochen nach der Geburt erst einmal weiter. Wer dann zunächst zur Kinderbetreuung zu Hause bleibt und Elternzeit nimmt, während der der Arbeitgeber unbezahlt freistellen (und Dich danach wieder nehmen) muss, erhält Elterngeld. Dieses ist einkommensabhängig. Berufstätige erhalten normalerweise 65 % des Netto-Einkommens als Elterngeld, aber höchstens 1800 Euros. Wer kein eigenes Einkommen vor der Geburt hatte, bekommt 300 EUR im Monat.

Viertens: Nur wer bereits vor der Mutterschaft einen guten und ordentlich bezahlten Beruf hatte, kann in vollen Zügen den Luxus des Elternurlaubs geniessen. Frau weiss, dass die Auszeit nur temporär ist und sie wieder in den Beruf zurück kann. Wer dagegen Kinder schon während der Ausbildung oder des Studiums bekommt, arbeitslos ist oder selbständig arbeitet, kann viele dieser Rechte nicht voll wahrnehmen. Gerade Auszubildende oder Studentinnen haben dann nur mehr Stress, die Ausbildung oder das Studium überhaupt abzuschliessen. Danach einen guten Arbeitsplatz zu finden als Mutter mit Kind ist oft nicht mehr ganz so einfach.

Fünftens: Wer einen sozialversicherungspflichtigen Vollzeitarbeitsplatz hat, zahlt in die Sozialversicherung ein und sammelt Rentenjahre. Das klingt für junge Ohren erst einmal nicht so wichtig, ist es aber. Leider merken viele Frauen erst nach der Kinderphase um die fünfzig oder nach einer Scheidung, dass sie rentenmässig nicht gut abgesichert sind, dann ist es aber schon fast zu spät.

Altersarmut ist nach wie vor weiblich. Das liegt an einer niedrigeren Erwerbsquote von Frauen, an statistisch geringeren Löhnen – der Gender Pay Gap liegt in Deutschland bei 18 % -, an Teilzeitarbeit und Minijobs mit derzeit 603 Euros (Stand Januar 2026). Zuweilen fehlt es aber auch an Vorstellungskraft, welche finanziellen Folgen Entscheidungen aus jungen Jahren für die alten Tage haben können. Es ist wesentlich, dass wir unsere Alterssicherung von Anfang an im Blick haben, das heisst, wir müssen gut verdienen, genügend Rentenjahre sammeln und auch schon selbst vorsorgen.

Viele ostdeutsche Frauen haben eine durchgehende Erwerbsbiografie und stehen daher im Alter oft finanziell besser da als westdeutsche Frauen. Organisierte Kinderbetreuung machte es möglich, während im Westen Deutschlands noch immer ein verzopftes Mutterbild vorherrscht, das die Kinder am besten in der Familienbetreuung aufgehoben sieht. Dazu mehr im Exkurs 2 (Gleichstellung in Deutschland im Europavergleich). Nur so viel hier: Noch immer sind in Deutschland Halbtagsschule und fehlende Kinderbetreuungsplätze ein Haupthindernis für die Vereinbarkeit von Familie und Beruf, eine Politik auf dem Rücken vor allem der Frauen. Das ist politisch so gewollt, aber es muss nicht so sein.

Frankophone und nordeuropäische Demokratien demonstrieren uns, dass es auch anders geht, nämlich mit guten Ganztagsschulen und ausreichend Kita- und Hortplätzen. Ich selbst hatte das grosse Glück, meine Kinder in Belgien grosszuziehen, mit Kinderkrippen (Crèches), Kindergärten (Écoles maternelles), Ganztagsschulen mit Hortplätzen und der Möglichkeit organisierter Ferienbetreuung (es waren ja gleich zwei Monate im Sommer zu überbrücken). Unseren Kindern hat das nicht geschadet. Nach Deutschland mit seinen Halbtagsschulen wollte ich als berufstätige Mutter kleiner Kinder partout nicht zurück, und das aus genau diesem Grund: mangelnde Vereinbarkeit von Familie und Beruf.

Der einzig gangbare Weg hierzulande ist, die Kinderbetreuung privat zu organisieren – auch wenn dafür ein grosser Teil Deines Nettoverdienstes draufgeht – die Rentenjahre aus dieser Zeit brauchst Du später! Es ist nämlich eine Milchmädchenrechnung, zu glauben, ich verdiene ja kaum mehr, als was mich die Kinderbetreuung kostet, da kann ich meine Kinder gleich selbst betreuen. Nein, dies ist eine Rechnung ohne Rentenanwartschaften! Später wirst Du froh und glücklich für diese Rentenjahre sein, auch wenn es erst mal so aussah, als wäre Dein Verdienst gegen die Kinderbetreuungskosten ein Nullsummenspiel.

Ich kenne viele intelligente und gut ausgebildete Frauen meiner Generation, die durch die Mutterschaft (eins, zwei, drei Kinder nach dem Studium hintereinander) gar nicht (wieder) in den Beruf eingestiegen sind, oder wenn, dann nur in Teilzeitarbeit und weit unterhalb ihres Ausbildungsniveaus und ihrer Fähigkeiten. Wenn dann noch eine Scheidung dazu kommt und Scheinselbständigkeit (Arbeit als selbständige Yogalehrerin, als Fitnesstrainerin etc.), dann stellt frau mit 60 fest, dass sie nur wenig Rente bekommt, dann ist es aber zu spät. Altersarmut ist weiblich, und häufig ist sie vorprogrammiert. Ja, sie ist systemisch, aber frau kann auch selbst etwas dagegen tun. Hör also nie auf zu arbeiten, nicht wegen der Kinder und auch nicht wegen anderer Gründe.

Last, but not least: Eine gute bezahlte Arbeit gibt Selbstvertrauen in die eigenen Fähigkeiten und finanzielle Unabhängigkeit. Sie macht frei. Mir hat das auch Stabilität in meiner Ehe gegeben, denn wenn ich mich geärgert habe und Streit hatte, wusste ich: „Ich bin ja freiwillig mit meinem Mann zusammen. Ich könnte jederzeit gehen."

3.3   Weg von der Arbeitsbiene: Keine Angst vor dem Auffallen

Es ist wichtig, sich bei der Arbeit voll einzubringen. Aber zu erwarten, dass, wenn wir schön fleissig und strebsam sind, dann sieht schon jemand die Mühe und Leistung und belohnt uns mit einem Schritt auf der Karriereleiter, ist ein Trugschluss. Wer sich als Arbeitsbiene ausbeuten lässt, bleibt eine Arbeitsbiene. Eine Arbeitsbiene schafft schön und geräuschlos viel weg, vor allem Kleinkram, aber das Wegschaffen ist nicht das einzige Kriterium, an dem wir gemessen werden.

Vielmehr geht es darum, gut zu arbeiten *und* darüber zu reden. „Tue Gutes und rede darüber", ist ein wichtiger Ratschlag, den ich Dir mitgeben möchte. Das klingt lapidar, aber es ist wichtig, dass die anderen wissen, was Du tust, worin Du gut bist und womit Du erfolgreich bist. Stelle also Dein Licht nicht unter den Scheffel, sondern lasse es strahlen. Mache auf Dich aufmerksam. Ein gewisses Mass an Chuzpe und Eigenlob erfordern eine feine Gratwanderung, zu viel davon schlägt auf uns selbst zurück. Doch ohne sie geht es auch nicht.

Schau Dir das Schaumschlagen von den Männern ab, sie sind ausgezeichnete Windbeutel! Gefragt oder ungefragt informieren sie ihre Umgebung darüber, was sie heute wieder alles toll hinbekommen haben, was daran wichtig war für das Unternehmen und warum. Sie gehen auch aus der Deckung und erzählen, welche besonderen Kenntnisse sie haben, was sie gut können und was ihre Ambitionen sind. Über ihre Fehler reden sie übrigens nicht – tue Du das auch nicht! Über Fehler solltest Du offen reden, wenn sie entdeckt werden und wenn sie für andere Konsequenzen haben, aber Du musst nicht freiwillig mit dem Finger auf sie zeigen. Männer tun das auch nicht. Und Du willst ja auf keinen Fall die Arbeitsbiene werden, die offensichtlich Fehler macht, das geht gar nicht.

Vielmehr willst Du Dich durch Deine Kompetenz sichtbar machen. Dazu musst Du die Sicherheit Deiner Komfortzone verlassen. Es ist nicht bequem, sich zu exponieren, den Mund aufzumachen, einen Standpunkt zu vertreten und ihn stringent zu argumentieren und zu verteidigen, es bedarf dazu der Übung. Nimm daher jede noch so kleine Übungsmöglichkeit wahr! Ich hatte zum Beispiel einen Kollegen, der sich vorgenommen hatte, in jeder Sitzung mindestens einmal das Wort zu ergreifen und den Diskussionspunkt mit einem Beispiel aus seinem Arbeitsbereich zu verknüpfen. Er war damit nicht aufdringlich, er stellte sich nicht penetrant in den Mittelpunkt, aber er war sichtbar und sein Arbeitsbereich wurde als relevant wahrgenommen. Er wurde darin immer besser, und dann begann er, geschickt zu twittern (heute ist das X).

Ich meine daher mit dem „Auffallen" nicht Eigenlob, Lobhudelei oder laute Stimme, sondern das, was der Kollege oben so erfolgreich intern und extern betrieb, dass der englischsprachige Informationsdienst in Brüssel, Politico, ihn 2023 als einen von 40 wichtigen Persönlichkeiten in Brüssel einordnete – neben EU-Kommissaren und Generaldirektoren. Dabei war er lediglich ein Referatsleiter, die kleinste Leitungsfunktion im Organigramm der Europäischen Verwaltung.

Leistung allein reicht also nicht, gekonntes Klappern gehört zum Handwerk! Der Scheinwerfer muss auch auf Dich scheinen, und Du musst sein Licht aushalten können. Wie das geht, kannst Du Dir sehr gut von den Meistern dieses Fachs, den Männern, abgucken.

3.4   Mach einen Rhetorikkurs und lerne (re-)präsentieren

In deutschen Schulen hattest Du sicher aus den Künsten die Fächer Malerei und Musik. Das war's. Meine Tochter hatte an den internationalen Schulen, die sie besuchte, „art, music and drama – also Malerei, Musik und darstellende Kunst. Ich konnte mit „Drama" nicht viel anfangen, ging in die Sprechstunde und fragte den Dramalehrer, was er denn mit seinen Schülern und Schülerinnen so mache. „Wir schauspielern zum Beispiel, die Schüler müssen in unterschiedliche Rollen schlüpfen und diese überzeugend darstellen", sagte er. „Oder jeder muss vor die Klasse treten und etwas so interessant aufarbeiten und vortragen, dass die anderen zuhören".

Kein Wunder, dass englischsprachige Studentinnen und Studenten und englischsprachige Mitarbeiter und Kolleginnen meisterhaft im Präsentieren sind: Die Schule hat ihnen diese Fähigkeiten als DNA mit auf den Lebensweg gegeben. Wo hierzulande mal zitternd ein Referat vor der Klasse gehalten wird, übt der Nachwuchs über den kleinen Teich (die Nordsee) und über den grossen Teich (den Atlantik) systematisch von frühen Kindesbeinen an das Darstellen, das Sprechen und Präsentieren vor Publikum und das Im-Mittelpunkt-Stehen.

Wir können nicht alles nachholen, was wir als Kind versäumt haben, aber ich empfehle Dir, frühzeitig einen Rhetorikkurs zu besuchen und in Deine Diskussions- und Präsentationsfertigkeiten zu investieren. Diese Zeitinvestition bringt Dich auf die Dauer weiter als die vierte oder fünfte Fremdsprache. Rhetorische Fähigkeiten sind „Handwerk", so wie auch das Schreiben „Handwerk" ist, und beides ist erlernbar. Schau Dir auch Ted Talks an, eine amerikanische Erfindung: Vortragende haben maximal 18 min Zeit, über ein Thema vorzutragen und die Zuhörer dafür zu begeistern. Das Motto ist „ideas worth spreading". Die Ideen müssen so aufbereitet und unterhaltsam vorgetragen werden, dass sie (be-)merkenswert sind. Jeder Ted Talk hat eine „take home message", ein Motto, eine zentrale These, an die sich die Zuschauer erinnern sollen. *E i n e* Message, nicht neun oder zehn.

Eine einfache und bewährte Sprechstruktur ist, sich immer auf drei Punkte zu konzentrieren. Ich erinnere mich an meinen Universitätsprofessor Meier, dem wir den Spitznamen „Dreier-Meier" gegeben hatten, weil er alles, aber auch alles, in drei Punkte fassen konnte. Warum drei? Ganz einfach: Mehr kann sich sowieso keiner merken! Länger als drei Punkte lang hört auch kein Mensch mehr zu, der das nicht muss. Das Dreierschema hat sich auch für mich als hilfreiches Raster erwiesen, meist merkte ich bereits in der Mitte von Punkt zwei, dass die Aufmerksamkeitsspanne nachliess… (lag womöglich auch an mir).

Vor die drei zentralen Aussagen kommt etwas Aussergewöhnliches als Einstieg in das Thema, dann drei Punkte und zuletzt ein fulminanter Schluss: „Close with a bang". Häufig ist der Schluss das, was wir uns merken, und je klarer der ist, desto besser. Die „take home message" sozusagen.

Eine andere, sehr effektive Vortragsweise ist das Erzählen von Geschichten. Unser Gehirn ist auf Geschichten gepolt und kann sich diese leichter merken als akademische theoretische Konstrukte. Wer als Veranschaulichung um eine zentrale These farbige und lebendige Beispiele drapiert, menschliche Charaktere und lustige Situationen, nimmt seine Zuhörer leichter mit. Besonders gern lauschte ich in den Gremien der Vereinten Nationen den Afrikanern. Sie begannen mit ihrem Dorf und ihrer Grossmutter und verknüpften dann diese Vorfahren aus Fleisch und Blut grandios mit dem meist knochentrockenen Thema ihres Vortrags.

Eine gute amerikanische Angewohnheit: Kaum ein Treffen dauert länger als eine Stunde, länger ist eine Sitzung nicht produktiv, lieber nochmal treffen, wenn kein Ergebnis erzielt wurde. Und bitte Powerpoint Slides nur mit der zentralen Überschrift und vielen Bildchen verwenden. Keine Textlawinen mehr! Eine Powerpoint-Präsentation ist nicht dazu da, dass Du Dich als Rednerin an Deinem Text festkrallst und ihm dem Publikum vorliest, sondern sie dient lediglich als illustratives Schema und Gedankenstütze während Deines Vortrags.

Ich bin keine Rhetorikkünstlerin geworden, insgesamt muss ich heute sagen, habe ich viel zu wenig in Präsentation und interessant sprechen investiert. Das war ein Fehler. Immerhin hatte ich immer eine zentrale Botschaft, wenn ich den Mund aufmachte, und habe auch häufig erfolgreich das Dreierschema angewendet. Ein paar gute Witze in petto hätten auch nicht geschadet.

Wenn ich nochmal anfangen könnte, würde ich mir viel mehr Gedanken um Präsentation machen und Fertigkeiten üben, wie sich Menschen überzeugen und gewinnen lassen. Würde Kurse in freier Rede belegen. Würde jede Chance ergreifen, einen kleinen Wortbeitrag in eine Diskussion einzuflechten oder nach einer Rede zumindest aufstehen und eine möglichst kluge Frage stellen. Irgendwo muss frau anfangen und sich dann weiter durchhangeln. Daher mein dringender Ratschlag: Mach einen Rhetorikkurs als Einstieg, als Minimum, baue dann darauf auf und schau Dir rechts und links von guten Rednerinnen und Rednern ab, wie die das machen.

3.5   Shoot for the moon, you will still land among the stars: Go for it!

Diesen Spruch habe nicht ich erfunden, das Internet ist voll ähnlicher Leitmotive. Für mich bedeutet er: Suche Dir ein ambitioniertes Ziel und steuere es an. Der Mond ist ein grosses Ziel. Du brauchst im Leben ein grosses Ziel, an dem Du Deine kleinen Ziele ausrichten und einnorden kannst. Wenn Du kein grosses Ziel hast, weisst Du nicht, in welche Richtung Du gehen, und welche kleinen Zwischenziele Du verfolgen willst.

Du wirst Dein grosses Ziel vielleicht nicht erreichen, der Mond ist sehr weit weg, nicht jede von uns kann Bundeskanzlerin werden, aber wenn Du Dich auf den Weg gemacht hast und schon mal draussen im Weltall unterwegs bist, wirst Du auf vieles treffen, was genauso spannend ist, was Du vorher nicht gesehen hast, und Du bist zum Ende Deiner Laufbahn vielleicht nicht bis zum Mond gekommen, sondern zum Mars oder aber bis zu einem kleinen Stern im Weltall, und der bist Du und scheinst in der Nacht und leuchtest den anderen den Weg.

Und wenn Du Dich nach dreissig Jahren umdrehst, und rekapitulierst, was Du eigentlich wolltest und was daraus geworden ist, wirst Du feststellen, dass Du auf dem Weg zum Mond im Universum Deinen ganz eigenen Lebensweg gefunden hast, der sich nicht einfach kopieren lässt, der einzigartig ist, so wie auch Du einzigartig bist.

Übrigens ist das Mondziel – oder neuerdings das Marsziel – gar nicht so unerreichbar, wie es gemeinhin scheint. Ich erinnere mich an die erste Mondlandung, ich war in der zweiten Klasse: Meine Eltern hatten extra einen Fernseher gekauft, wir schauten mit ihnen und den Nachbarn in unserem Wohnzimmer die quählend langsamen Bilder, als Neil Armstrong am 21. Juli 1969 als erster Mensch seinen Fuss auf den Mond setzte. Eine der prägenden Erinnerungen der gesamten Babyboomer-Generation, die allesamt dieses Ereignis im Fernsehen gesehen und sich daraus ihre eigenen Lebensphilosophie gestrickt haben: Nichts ist unerreichbar.

Will sagen: Ganz so weit ist der Mond ja nicht weg, es sind schon welche hingekommen, neuerdings gibt es wieder Mondmissionen und überhaupt einen Run in den Kosmos. Wer es nicht auf den Mond schafft, für die gibt es viel Weltall dazwischen, ein ganzes, unerforschtes Universum, von dem die Milchstrasse nur ein kleiner Teil ist.

Ich will Dir hier Mut machen zum Aufbrechen. Das Setzen ehrgeiziger Ziele ist eine Sache, aber das reicht nicht. Du musst aufbrechen, Dich auf den Weg ins Unbekannte machen, Du musst den Weg gehen. Du musst Deine Furcht überwinden, auf Dich und Deine Stärken vertrauen, und dass Du es schon schaffen wirst, irgendwo anzukommen. Vertraue Dir, geh den ersten Schritt. Wenn Du erst mal ein Stück unterwegs bist, werden sich die nächsten Schritte schon finden, aber achte darauf, dass die Richtung stimmt. Und dass Du im richtigen Orbit unterwegs bist. Es gibt keinen vorbestimmten Weg, der Weg öffnet und ergibt sich im Gehen. Go for it!

3.6 Investiere in Dein Berufs-Netzwerk und suche Dir eine Mentorin

Dass Klappern zum Handwerk gehört, haben wir schon besprochen. Aber einsames Klappern auf dem Dach bringt nicht das gewünschte Resultat. Du musst schon wissen, wo Du am effektivsten klapperst, und das ist in einer Runde von Gleichgesinnten. Die verstehen Deinen Berufsjargon, können einordnen, sind an Neuem und an Austausch interessiert und können Dich im Zweifel unterstützen. Ein Netzwerk beruflicher Beziehungen ist ein Schatz an Ressourcen und Kontakten, den Du Dir aufbauen und gut pflegen solltest. Ein solches Netzwerk kann den entscheidenden Unterschied machen zwischen einer erwartbaren und einer phänomenalen Karriere.

Ich selbst war im Netzwerken nur mittelmässig, konzentrierte mich eher auf reine Inhalte, und ich glaube, das war mit einer der Hauptgründe, weshalb mich zu bestimmten Zeiten andere überholt haben. Männer netzwerken ganz hervorragend in Berufsplattformen, in Parteien, aber auch in Schachclubs, Sportverbänden und Schützenvereinen. Die reinsten Kungelclubs sind das zuweilen. Böse Zungen behaupten, dass in manchen Städten die wichtigen Entscheidungen im Karnevalsverein vorbesprochen werden. Du lachst, aber das stimmt: Im Elferrat, dem Parlament des Narrenreiches im Karneval, sitzen nur Männer. Wer da nicht Mitglied ist und mitdiskutiert, versteht nicht, was anschliessend formal passiert. Frauen sind bloss die Tanzmariechen.

Besondere Informationen werden auch auf dem stillen Örtchen ausgetauscht. Als junge Wirtschaftsjournalistin wollte mir tatsächlich ein erfahrenerer Kollege weismachen, Frauen kämen nicht so gut an Exklusivinformationen heran wie Männer, weil sie die (männlichen) Unternehmensvorstände nicht einfach „zufällig" und unverfangen auf der Toilette treffen könnten. Sprach's – und dann wurde eine Frau Vorstandschefin, und ich feixte, denn er konnte nun nicht mehr mit ihr auf die Toilette gehen, das konnte nur noch ich! Dieses geheime Netzwerk-Örtchen hat in Zeiten von Unisextoiletten mittlerweile ausgedient. Und es war ja nur ein Beispiel, welche Blüten das Netzwerken treiben kann. Meist ist es viel harmloser.

Für mich ist immer noch der Königsweg, die Visitenkarte ins Täschchen zu klemmen und auf Messen, Konferenzen und Berufsveranstaltungen zu gehen, um mich umzuschauen, aber auch, um mich selbst bekannt zu machen, am besten gleich als Rednerin – dann suchen die anderen Dich auf, nicht Du die anderen. Deshalb nehme jede Chance wahr, auf einer Konferenz einen Vortrag zu halten, auch wenn das am Anfang anstrengend ist. So können die anderen direkt Dein Gesicht mit Deiner Kompetenz und Deinem Namen verknüpfen.

Gute Netzwerke bestehen aus Sachkunde, Zuverlässigkeit, Vertrauen und Unterstützung. Sie sind keine Einbahnstrasse. Überlege daher, was Du den anderen im Netzwerk als Deinen Mehrwert anbieten kannst. Ist es spezielles Wissen? Besondere Informationen? Exklusiver Zugang zu bestimmten Kontakten? Auch solltest Du für Dich selbst definieren, was genau Du von einem bestimmten Netzwerk erwartest. Nur dann fragst Du gezielt und kannst herausziehen, was für Dich relevant ist.

Mir war es persönlich immer wichtiger, weniger, aber qualitativ gute Netzwerke zu haben als umgekehrt. Ich glaube an den Wert und die Macht persönlicher Beziehungen, und folgerichtig investiere ich wenig in online-Netzwerke. Es reicht auch nicht, sich einmal bekannt zu machen und Kontakte zu knüpfen und dann zu denken, dass alles von selbst läuft. Nein, Dein Netzwerk muss gepflegt und genährt werden, muss mitwachsen und immer wieder angepasst und erneuert werden. Es ist ein Basar, ein ständiges Geben und Nehmen.

Die hohe Kunst des Netzwerkens besteht darin, einen Mentor oder eine Mentorin zu finden, die uns ein Stück unseres Lebens- und Berufsweges wohlwollend begleitet und uns so auch indirekt führt. Das muss gar niemand sein, der oder die kungelt und uns um alle anderen herum auf eine herausgehobene Position hievt. Viel nützlicher ist es, von der Weisheit und jahrelangen Erfahrung eines Mentors oder einer Mentorin zu lernen, Motivation und moralische Unterstützung für die Navigation in schwierigem Berufsgewässer zu erhalten, ehrliches Feedback und Ratschläge und Empfehlungen zu bekommen. Denn natürlich wissen wir vieles nicht, sehen wir viele Chancen nicht, können wir manche Tür nicht allein öffnen, sondern brauchen Türöffner und Türöffnerinnen. Es ist nicht leicht, Mentoren und Mentorinnen zu finden, Du musst Dir schon überlegen, was Du selbst in diese Beziehung einbringen kannst, damit sie für die Mentorin interessant bleibt.

Etwas leichter ist es, für sich selbst Vorbilder zu suchen. Das muss nicht ein einzelner Mensch sein, sondern verschiedene Menschen können mit verschiedenen Eigenschaften für Dich Vorbilder sein.

Als Kind war mein Vorbild Pippi Langstrumpf, weil sie unkonventionell, eigenständig, kreativ und optimistisch war. Ausserdem hatte sie ihr eigenes Geld und versorgte sich selbst. Als Journalistin nahm ich mir die italienische Journalistin Oriana Fallaci zum Vorbild, weil sie durch meisterhafte Fragetechnik viel Ungewöhnliches aus ihren Interviews mit Politikern und bekannten Persönlichkeiten herausholte. Später, als Beamtin, war das mit den einzelnen Vorbildern schwieriger, ich fand damals so wenig Beamtenfrauen in herausgehobenen Karrierepositionen. Aber ich hatte eine Chefin, Mutter dreier Kinder, die ich durch ihre unbändige Energie, Menschlichkeit und Durchsetzungsfähigkeit sehr schätzte. Bezüglich des Energieflusses habe ich sie mir zum Vorbild genommen. Sie war auch eine Zeitlang eine Art unausgesprochener Mentorin, jedenfalls hat sie meinen Berufsweg wohlwollend begleitet. Bezüglich der Analytik habe ich mir einen männlichen Chef zum Vorbild genommen, zur Geschmeidigkeit der Argumentation einen Kollegen.

Es geht nicht darum, so zu werden wie ein Vorbild. Aber Vorbilder führen uns vor Augen, was möglich ist. Sie können uns Orientierung und Inspiration geben. Letztlich sind sie ein Spiegel, der uns hilft, unser eigenes Verhalten zu reflektieren und uns weiterzuentwickeln.

3.7   Was nichts kostet, ist nichts wert – Gleicher Lohn für gleiche Arbeit

Dies ist ein Plädoyer, sich für gute Arbeit gut bezahlen zu lassen, so gut wie Männer. Kenne bei Gehaltsverhandlungen Deinen Wert und fordere ihn ein: Was zeichnet Dich aus auf dem Arbeitsmarkt, was kannst Du besonders gut, was sonst keiner anbieten kann, wie viel ist das wert? Sei dabei nicht zu schüchtern, Männer sind das auch nicht! Du musst öfter an den Gehaltsstrukturen rütteln, durchaus auch den Arbeitgeber wechseln, um weiterzukommen. Nimm dann nicht das zweitbeste Angebot, nimm das beste! Das alles ist mühselig, zahlt sich aber doppelt aus: In mehr Geld jetzt und in mehr Rente später.

Immer noch verdienen Frauen in Deutschland im Schnitt 16 % weniger als Männer – ein Unding vor dem Hintergrund der im Grundgesetz seit Jahrzehnten rechtlich festgehaltenen Gleichberechtigung, und auch im EU-Vergleich ein überdurchschnittlicher Wert. Ein Teil dieser Lohnlücke ist darauf zurückzuführen, dass Frauen, meist wegen familiärer Sorgearbeit, öfter in Teilzeit arbeiten als Männer, dass sie häufiger in schlechter entlohnten Frauenberufen tätig sind und 2/3 aller Minijobs besetzen. Werden diese Faktoren herausgerechnet, verdienen Frauen nach Angaben des Statistischen Bundesamtes hierzulande für die gleiche Tätigkeit bei gleichem Umfang und gleicher Qualifikation aber immer noch durchschnittlich 6 % weniger pro Stunde als ihre männlichen Kollegen.[1]

Auf die Lohnlücke folgt die Rentenlücke: Wenn die ohnehin vorhandene Lohnlücke dann verknüpft wird mit Phasen unbezahlter Sorgearbeit für Kinder oder alte Angehörige und mit Teilzeitarbeit, dann vergrössert sich das Gefälle weiter. Der Gender Pension Gap in Deutschland lag 2024 bei 25,8 % für Frauen mit Hinterbliebenenrente und 36,9 % für Frauen ohne Hinterbliebenenrente.[2] In jedem Fall lässt sich aus diesen Zahlen ableiten: Altersarmut ist im wesentlichen weiblich. Die wenigsten jungen Frauen machen sich das klar.

---

[1] Statistisches Bundesamt. (2025). *Gender Pay Gap sinkt 2024 im Vergleich zum Vorjahr von 18% auf 16%*. Wiesbaden. Pressemitteilung 056 vom 13.2.2025. https://www.destatis.de/DE/Presse/Pressemitteilungen/2025/02/PD25_056_621.html

[2] Statistisches Bundesamt. (2025). *Gleichstellungsindikatoren – Gender Pension Gap*. Wiesbaden. https://www.destatis.de/DE/Themen/Querschnitt/Gleichstellungsindikatoren/gender-pension-gap-f33.html

Zwei streitbare Frauen setzten in den vergangenen acht Jahren durch Gerichtsurteile und mediale Aufmerksamkeit Meilensteine für uns alle: Die ZDF-Journalistin Birte Meier, die für gleiche Bezahlung vor das Bundesverfassungsgericht zog und sich am Ende mit dem ZDF in einem Vergleich einigte und Susanne Dumas, eine ehemalige Mitarbeiterin des Metallunternehmens Photon Meissener Technologies GmbH, die gleiche Arbeit wie ihr nahezu zeitgleich eingestellter männlicher Kollege verrichtete und trotz vergleichbarer Qualifikation und Erfahrung signifikant weniger verdiente. Das Bundesarbeitsgericht urteilte, Arbeitgeber dürfen vom Prinzip „gleicher Lohn für gleiche Arbeit" nicht abweichen, nur weil ein Mann höhere Gehaltsforderungen stellt als seine Kollegin.[3]

Auf betrieblicher Ebene gilt seit 2017 das Entgelttransparenzgesetz: Du hast das Recht, in Deinem Betrieb, wenn er mehr als 200 Beschäftigte hat, nachzufragen, was andere verdienen, die die gleiche Arbeit oder eine gleichwertige Arbeit verrichten wie Du. Grössere Unternehmen müssen ihre Entgeltpraxis überprüfen und bei festgestellter Benachteiligung Gegenmaßnahmen ergreifen. Die umfassendere Entgelttransparenzrichtlinie der EU verpflichtet Arbeitgeber ab Juni 2026 auch zur Offenlegung von Gehältern. Unternehmen müssen Gehaltsspannen in Stellenausschreibungen nennen und allen Beschäftigten Auskunft über das durchschnittliche Entgelt nach Geschlecht erteilen. Erstmals können auch Sanktionen verhängt werden.

Auch Quotensysteme erhielten durch die EU neuen Auftrieb. Seit dem Jahr 2016 gilt in Aufsichtsräten bestimmter börsennotierter Unternehmen eine Frauenquote von 30 %. Und siehe da, Überraschung: Gesetzlich vorgeschriebene Quotensysteme funktionieren! Der Frauenanteil in Aufsichtsräten wurde signifikant erhöht. Wo keine festen Quoten in Führungspositionen gelten – zum Beispiel bei den Vorständen – hat sich dagegen wenig getan. Bei den Vorständen krebst der Frauenanteil noch unter zehn Prozent herum.

Lass Dich auch nicht mit Ehrenämtern überhäufen. Ehrenämter bringen Ehre, aber eben kein Geld, das besagt ja schon der Name, jetzt nicht, und auch nicht für die Rente. Ich habe mich immer geweigert, etwas ganz kostenlos zu tun – ausser in der Familie und bei Freunden natürlich. Wenn eine Dienstleistung, wenn ein Produkt, wenn eine Veranstaltung gar nichts kosten, dann werden sie nicht wertgeschätzt, dann fühlen sich die Besucher weniger verpflichtet, *überhaupt* zu erscheinen, als wenn sie mit einem kleinen Betrag in Vorleistung gehen müssen. Selbst ein kleiner Betrag wirkt verpflichtend.

Daher: Wir haben als Frauen nichts zu verschenken! Falsche Bescheidenheit heute führt zu Altersarmut morgen. Wir verzichten nicht auf die Hälfte der Welt und nicht auf die Bezahlung in der Höhe von Männern. Wir müssen im Alter sowieso länger über die Runden kommen als Männer, da wir sie statistisch um vier bis fünf Jahre überleben, und dann wollen wir nicht darben. Kenne daher heute Deinen Wert und fordere die entsprechende

---

[3] Gesellschaft für Freiheitsrechte. (2023). *Paukenschlag für Equal Pay: Bundesarbeitsgericht fällt Grundsatzurteil nach GGF-Verfahren: Gleiche Bezahlung ist keine Verhandlungssache.* Berlin, Erfurt. Pressemitteilung 2023.

  https://freiheitsrechte.org/themen/gleichbehandlung/equal-pay-photon-meissener

  Das Urteil selbst ist verfügbar unter folgendem Link: https://www.bundesarbeitsgericht.de/wp-content/uploads/2023/07/8-AZR-450-21.pdf

Bezahlung und/oder die Einhaltung der Frauenquote ein. Im Zweifel wechselst Du den Arbeitsplatz oder ziehst vor Gericht.

Wirf auch Deinen Hut in den Ring für Führungspositionen – dort sind die Fleischtöpfe. Gute Leistung, gepaart mit Quoten, machen es heute in einigen Bereichen möglich, dass wir auch ein Stück vom Fleischkuchen abbekommen. Go for it! Dafür müssen wir schon als junge Frauen darauf achten, dass wir gut ausgebildet einen guten Beruf ergreifen, dass wir auf gleichen Lohn für gleiche Arbeit achten, dass wir Durchsetzungskraft lernen und uns nicht in den Billiglohnsektor, in die Teilzeitarbeit oder in das Ehrenamt abdrängen lassen. Mir ist ganz egal, ob ich eine Quotenfrau bin oder nicht, Hauptsache, ich krieg den Job.

Selbstcoachingfragen

- Wer bin ich? Wer will ich werden und sein? In einem Jahr, in fünf Jahren, in zehn Jahren, in 25 Jahren?
- Was ist mein Lebenstraum?
- Welcher Berufswunsch ist der heftigste, den ich habe? Wenn heute über Nacht ein Wunder geschähe, und ich würde bereits in diesem Beruf arbeiten, wie fühlt sich das an?
- Wieso wohnt der Wunsch noch in meiner Coach?
- Was habe ich schon geschafft, auf dem ich aufbauen kann, um von der Couch ins Handeln zu kommen?
- Welche kleinen Schritte kann ich morgen als nächstes gehen?
- Was motiviert mich zum Durchhalten auf dem Weg?
- Wen bewundere ich? Wer ist mein Vorbild? Wem möchte ich in meinem Leben unbedingt begegnen, weil er/sie geschafft hat, was ich noch anstrebe? Was kann ich von dieser Person lernen?
- Was hindert mich daran, voll durchzustarten?

Familie und Freunde

4

Familie und Freunde sind der Grundstock sozialer Beziehungen, unsere Wurzeln und unser sicherer Hafen. Sie gehören mit zu den wichtigsten Parametern für ein gelungenes Leben. Sie sind der Ort der bleibt, wenn alle anderen wegbrechen. Deswegen: Nimm Dir Zeit für die Familie und für Deine engen Freunde. Den wichtigsten Unterschied in Deinem Leben macht Dein Partner, darum suche ihn sorgfältig aus. Eine starke Partnerschaft basiert auf Vertrauen, Verlässlichkeit ist Gold. Schliesse einen Ehevertrag und bleibe finanziell unabhängig. Wenn Du Mutter wirst, fordere vom Vater seine Hälfte der Pflegearbeit ein und scheue Dich nicht, Kinderbetreuungseinrichtungen zu nutzen. Du willst eine zufriedene Mutter sein, daher achte auch auf Deine eigenen Bedürfnisse und Deine eigene finanzielle Sicherheit, auch im Alter.

4.1 Familie und gute Freunde sind das, was bleibt: Nimm Dir Zeit für sie

Drei Kapitel lang habe ich über Dein Ich-Universum referiert. Was Du selbst tun kannst, um gesund zu bleiben, in Deine Bildung zu investieren und in Deinen Beruf. In einer Zeit der Individualisierung und des Egoismus, der permanenten Selbstverbesserung und der Selbstverwirklichung möchte ich jetzt eine Lanze brechen für den Wert zweier altehrwürdiger Beziehungsnetzwerke: Familie und Freunde. Sie sind der Grundstock sozialer Beziehungen, unsere Wurzeln und unser sicherer Hafen.

In eine Familie werden wir hineingeboren, weder Eltern noch Geschwister können wir uns aussuchen. Früh müssen wir dort lernen, unseren Platz zu finden. Nichts prägt uns mehr, als Kindheitserlebnisse. Die Familie ist das erste Fenster zur Welt, der Referenzpunkt für alles, was später folgt, das Sprungbrett ins Leben. Die meisten von uns wurden von ihren Eltern und Grosseltern liebevoll in ihr Leben geleitet und weiter begleitet,

© Der/die Autor(en), exklusiv lizenziert an Springer Fachmedien Wiesbaden GmbH, ein Teil von Springer Nature 2026
T. Emmerling, *Es ist Zeit, nimm Dir Deine Hälfte der Welt!*,
https://doi.org/10.1007/978-3-658-49991-4_4

konnten in ihrer Kindheit und Jugend Wurzeln entwickeln, die sie durch Lebensstürme hindurch tragen und halten.

Mein Elternhaus war sehr lange mein Ankerplatz. Meine Mutter war immer da, wenn ich sie brauchte, hörte sich meine Sorgen und Nöte an, zuweilen waren meine Eltern Retter in der Not. Einige Situationen sind mir besonders in Erinnerung geblieben:

Mit dreiundzwanzig Jahren machte ich mich – jung, selbstbewusst und mutig – zu einer sechsmonatigen Arbeitsreise auf nach Togo. Afrika – für mich ein völlig unbekannter Kontinent. Es war aufregend, und solange die Reise noch weit in der Zukunft lag, war ich sehr mutig. Wie Butter in der Sonne schmolz diese Courage mit jedem Tag dahin, der mich dem Abreisetag näher brachte: Drei Tage vor dem Abflug bekam ich starkes Bauchweh und Durchfall vor Beklommenheit, weinte vor Angst, wollte alles rückabwickeln und nur zu Hause bleiben. Und was tat meine Mutter mit ihrem Küken? „Du wolltest das so sehr, jetzt mache es auch. Die Welt ist gross und schön und überall findest Du nette und hilfsbereite Menschen", sagte sie. „Du schaffst das, hab Mut." Meine Mutter, die Ober-Angsthäsin per se, mutierte zu meiner Mutmacherin!

Vier Jahre später erkrankte ich von heute auf morgen schwer. Auf mehrere Wochen Krankenhaus folgten mehrere Monate Pflege und nur langsame Rekonvaleszenz. Meine Eltern holten mich zu sich und päppelten mich durch diese schwierige, bleierne Zeit, bis ich wieder auf eigenen Beinen stehen konnte. Wer, wenn nicht Eltern, Geschwister oder Partner haben diesen langen Atem?

Familie ist der Hort, in dem nicht in Euros, Dollars, in Leistung und Gegenleistung gemessen wird, sondern nach Bedürfnis, in Vertrauen und in Rückhalt. Die kleinste gesellschaftliche Zelle von Solidarität. Der in Fürsorge und Liebe misst, in Zeit und Bindung. Familie ist der Ort, an dem noch etwas geht, wenn sonst nichts mehr geht. Der Ort der bleibt, wenn alle anderen weggebrochen sind. Deswegen: Nimm Dir Zeit für die Familie. Sie hält Dich, wenn auch nicht immer ohne Spannungen, und Du hältst sie.

In Familien werden wir hineingeboren, aber gute Freunde sind die Familie, die wir uns aussuchen können. Wer nur eine kleine Familie oder mit ihr gebrochen hat, für den oder die sind Freunde und Freundinnen genauso wichtig. Das Fundament von Freundschaft sind nicht die Gene, sondern das Herz. Freunde sind die Seelenverwandten, die wir frei wählen können, und mit denen wir lachen, weinen und wachsen. Wenn Deine Welt untergeht, dann können enge Freunde Dich auffangen. Drei, vier, fünf gute Freunde genügen. Lieber weniger Freundschaften mit Tiefgang als Masse ohne Klasse.

Aber sie fallen nicht vom Himmel. Mehr noch als Familie, benötigen gute Freunde eine „Investition": gemeinsame Diskussionen, gemeinsame Erlebnisse, gemeinsam verbrachte Zeit sind Bausteine dieser Beziehungen. Einfach sich mal zum Essen treffen reicht nicht. Es braucht Lachen in guten Zeiten, Hilfe in Notsituationen, gemeinsame Unternehmungen, zuweilen ehrliche Kritik, auch wenn sie weh tut, Auseinandersetzungen und Versöhnung. Freundschaften sind eine Quelle von Freude und Inspiration. Sie halten uns aber auch den Spiegel vor. Wir werden den Menschen am ähnlichsten, mit denen wir die meiste Zeit verbringen.

Eine Freundin von mir, Mutter dreier Kinder, und ich, Mutter zweier Kinder, haben uns Jahr für Jahr eine Woche unserer Zeit herausgeschnitten und gemeinsam verbracht. Wir wollten zur Wiege der Menschheit, aber weil im Land zwischen Euphrat und Tigris Krieg herrschte, bereisten wir die Länder darum herum. Mit einer anderen Freundin bin ich viel und weit gewandert, die dritte hat mich in schweren Zeiten lächelnd und Mut machend bekocht. Die Liebesdienste unter Freunden brauchen wie die in Familien Zeit und Hinwendung. Zeit und Hinwendung sind die Masseinheiten für soziale Bindungen.

Spare nicht an Zeit für Familie und für Deine engen Freunde. Sie sind die Schätze des Lebens, das „soziale Humankapital", das Du über die Jahre ansammelst, das mit Dir wächst, das Dir gute Stunden bereitet und Dich durch schwere Stunden tragen kann. Sie schützen vor Einsamkeit und vor manchen Krankheiten. Vieles im Leben verändert sich oder geht verloren – Jobs wechseln, Orte wechseln, Wohnungen und Besitz wechseln. Familie und gute Freunde sind das, was bleibt. Nimm Dir Zeit für sie!

4.2 Der richtige Partner macht den grössten Unterschied in Deinem Leben

So, jetzt kommen wir zu dem Menschen, den Du am innigsten liebst, mit dem Du am meisten Zeit verbringst, und der den grössten Unterschied in Deinem Leben macht, egal, ob ihr heiratet oder nicht: Dein Partner. Den musst Du Dir sehr sorgfältig aussuchen, denn schon Friedrich Schiller wusste: „Drum prüfe, wer sich ewig bindet, ob sich das Herz zum Herzen findet. Der Wahn ist kurz, die Reu ist lang."

Jede Beziehung kennt Leidenschaft und luftige Höhen, aber auch tiefe Täler, so tief wie der Marianengraben im Pazifik. Das gehört dazu. Der Alltag zermalmt über die Zeit jeden Märchenprinzen zum Frosch und jede Königin zur Kröte. Ja, wir sind einer Täuschung aufgesessen, der geliebte Mensch hat sich als das entpuppt, was er wirklich ist. Nicht mehr und nicht weniger. Meist ist er trotzdem noch liebenswert.

Und es gibt wahrscheinlich Gründe, warum ihr euch ineinander verliebt habt vor Wochen, Monaten oder Jahren. Rücke also Deine Krötenkrone gerade nach jedem Streit. Setze auch dem Frosch wieder seine Krone auf. Eine starke Partnerschaft, eine glückliche Ehe basieren auf Vertrauen. Vertrauen ist das Fundament, auf dem alles andere aufbaut. Solange Vertrauen da ist, lässt sich alles kitten.

Allmählich lernst Du, den anderen anzunehmen, wie er oder sie ist. Wer den anderen verändern will, scheitert über kurz oder lang, ändern kannst Du nur Dich selbst, Deine Sicht auf die Welt und Deine Einstellungen zu anderen Menschen.

Zwei Anregungen möchte ich Dir mitgeben, die ich – neben Vertrauen – für ganz wichtige Elemente einer gelungenen Partnerschaft halte.

Erstens: Mache einen Ehevertrag, und zwar unbedingt noch in guten Partnerschaftszeiten. Nur in liebevollen Zeiten könnt ihr euch ohne grosse Friktionen einigen, wie ihr beim – zu diesem Zeitpunkt unwahrscheinlichen – Auseinandergehen miteinander verfahren wollt. Wie haltet ihr es mit eurem Vermögen und eurem Einkommen? Wie wollt ihr mit der Verantwortung für gemeinsame Kinder umgehen, mit Unterhaltszahlungen? Wie mit dem Zugewinn? Reichen euch die gesetzlichen Vorgaben? Oder wollt ihr einiges anders regeln?

Wenn ihr euch erst einmal zerstritten habt, sind gütliche Einigungen häufig nicht mehr möglich, dann wird jahrelang mit Rechtsanwälten gegeneinander gekämpft, was nicht nur viel Geld kostet, sondern vor allem Tränen, Nerven, Zeit und, noch wichtiger, Lebensfreude. Aber Lebensfreude und Energie brauchst Du für den neuen Anfang nach einer Trennung, die sollen nicht für den Abschluss von etwas Abgestorbenem verausgabt werden. Das Ende muss leicht sein, jeder Rechtsanwalt muss Euch leicht scheiden können. Und dafür steht ein rechtzeitig und in Gutem geschlossener Ehevertrag.

Ich bin heute noch einem langjährigen Freund dankbar, der mich vor meiner Ehe bekniete, doch unbedingt einen Ehevertrag abzuschliessen. Er hatte gerade nach 20jähriger Ehe mit Kindern, Frau zu Hause und ohne Ehevertrag eine langwierige Scheidung durchgezogen und war davon noch traumatisiert. Fast jede zweite Ehe wird heute geschieden. Eine Trennung und Scheidung ist also gar nicht so unwahrscheinlich in einem Frauenleben, deshalb sei vorbereitet, selbst wenn Du dieses Wissen nie brauchst!

Zweitens: Du musst freiwillig in einer Partnerschaft oder Ehe sein. Ich werde Dich im Kapitel zu Finanzen beknien, immer Dein eigenes Geld zu verdienen und Dich nie von einem Mann wirtschaftlich abhängig zu machen. Warum? Damit Du jederzeit gehen und Dir ein neues Leben ohne den Partner aufbauen kannst, wenn Deine Partnerschaft oder Deine Ehe toxisch geworden ist. Wenn Du Dein eigenes Geld verdienst, bist Du frei. Du bist nicht durch Zwang in die Ehe eingetreten, und es ist auch kein ökonomischer Zwang, der Dich darin hält. Du könntest jederzeit gehen. Aber Du bleibst, freiwillig. Dieses kleine Wörtchen „freiwillig" macht den ganzen Unterschied.

Meine Ehe basiert auf tiefem Grundvertrauen und Verantwortung für das gemeinsame Leben, und ich habe den besten aller Väter geheiratet. Dennoch ärgere ich mich zuweilen abgrundtief über was auch immer oder fühle mich verletzt. Ich mache dann meine innere Rechnung auf, wäge ab mit Eigenschaften, die ich an meinem Mann liebe und sehr schätze. Sie sind mir so viel wert, dass ich bleibe. Freiwillig. Ich bin nicht das Opfer. Ich könnte jederzeit gehen, wenn ich wollte. Aber ich will nicht und tue es nicht. Ich bleibe freiwillig da.

Vertrauen ist das wichtigste Gut in einer Beziehung. Zerstöre es nicht mutwillig. Bestehe auf einem Ehevertrag, solange der Himmel noch voller Geigen hängt und noch nicht einmal die Ahnung von Konflikten oder gar einer Trennung besteht. Also ab zum Notar, das ist gut investiertes Geld, selbst wenn ihr den Ehevertrag nie braucht! Und bleibe immer wirtschaftlich und finanziell selbständig, damit Du jederzeit gehen könntest, auch wenn Du es nicht tust. Sei also freiwillig in einer Partnerschaft. Dann steigen die Chancen erheblich, dass sie gelingt, Liebe vorausgesetzt.

4.3 Muttersein: Es muss nicht nur die Mutter sein

Die gute Nachricht zuerst: Das Kind wächst von allein! Du musst nur oben etwas hinein löffeln und unten etwas wegputzen, dazwischen es viel lieb haben und Dich selbst auch, dann wird alles gut. Wenn's weiter nichts ist…?

Ein Kind grosszuziehen ist eine der grössten und vornehmsten Aufgaben in unserem Leben. Sie hört nie auf, egal, wie alt das Kind ist. Sie beglückt enorm, aber sie stranguliert auch und nimmt uns unsere Freiheit. Diese grosse Aufgabe wird in vielen Partnerschaften sehr gern der Frau aufgetragen. Aber sie ist nicht nur für Mütter da. Kinder haben auch einen Vater. „Sagt uns, wo die Väter sind", fragten zu meiner Zeit die Schweizer Feministinnen Cheryl Benard und Edit Schlaffer und stellten fest: „Bei der Geburt atmen sie noch mit, doch danach geht ihnen schnell die Luft aus."

Das Leben besteht aus Passagen und Krisen, durch die wir wachsen und reifen, und die Mutter- und Vaterschaft ist eine davon. Ein neuer kleiner Mensch verändert unser Leben fundamental und stellt es auf den Kopf. Die Vereinnahmung ist total. Bei mir brauchte es fast zwei Jahre, bis ich mich nach der Geburt unseres ersten Kindes auch als Mutter definierte, die neue Pflegeverantwortung in Dauerschleife angenommen hatte, mit mir wieder im Gleichgewicht – und in der Doppel- und Dreifachbelastung gelandet war, trotz des besten aller Väter an meiner Seite. Da schrieb ich ein Wutbuch zur Vereinbarkeit von Familie und Beruf und Kinderbetreuung in Deutschland.[1] „Ich erschreibe mir meinen Kinderbetreuungsplatz", unkte ich. Was lag ich falsch!

Fünfunddreissig Jahre später ist zwar ein Rechtsanspruch auf Kinderbetreuung eingeführt, wurde der Erziehungsurlaub in den Elternurlaub verwandelt, wurden Arbeitszeitmodelle flexibilisiert, stiess die Pandemie die Tür zu Telearbeit und Homeoffice auf. Das altmodische Mutterbild der Nachkriegszeit – die Frau als Hausfrau und Mutter (gut), die berufstätige „Rabenmutter" mit „Fremdbetreuung" ihrer „Schlüsselkinder" (schlecht) – ist zwar einem moderneren Mutterbild gewichen. Frauen sind heute viel selbstverständlicher zumindest in Teilzeit berufstätig. Auch das Vaterbild hat sich leicht gewandelt, neue Väter verstehen sich nicht nur als Ernährer, sondern bringen sich mehr in die Familie ein.

Aber von einem gleichberechtigten Tragen der Familien- und Sorgelast kann noch lange nicht die Rede sein. Der Mangel an ausserhäuslichen Kinderbetreuungsplätzen ist immer noch eklatant, die Öffnungszeiten zu kurz, die Schule immer noch eine Halbtagsschule, der grösste Teil der Familien- und Pflegearbeit wird nach wie vor auf die Frauen abgewälzt. Ich hätte mir nicht träumen lassen, dass sich meine Tochter noch immer mit denselben Problemen herumschlagen muss, mit denen ich mich Anfang der 90er-Jahre konfrontiert sah.

Es geht auch anders. Ich musste erst Deutschland verlassen, um zu sehen, was anderswo möglich ist, vor allem in frankophonen und nordeuropäischen Ländern: Ganztagskinderkrippen, Ganztagskindergärten, Ganztagsschulen, Hortplätze. In den ersten Lebensjahren unserer Kinder arbeitete mein Mann schon in Belgien, dort lebten auch unsere Kinder,

---

[1] Emmerling T. (1994) *Karriere mit Kind? – Kinderbetreuung in Deutschland.* Zebulon Verlag, Köln

während ich noch wöchentlich nach Deutschland zur Arbeit pendelte. „Die armen Kinder", sagten die Deutschen. „Was für ein Stress für euch", sagten die Belgier. Im Nachhinein empfinde ich es als einen riesigen Luxus, dass unsere Kinder in Belgien aufwachsen konnten, mit Ganztagsschule und strukturierten Betreuungsplätzen bis 18 Uhr und mit vielen Schul- und Hortfreunden, und dass mir als arbeitender Mutter kein schlechtes Gewissen eingeredet wurde. Ich fühlte mich nicht „schuldig", genau das zu tun, was der Vater unserer Kinder auch tat: zur Arbeit zu gehen.

Kinder brauchen Liebe, Bindung und Stabilität. Aber es muss nicht nur die Mutter sein! Kinder können sich durchaus auf mehrere Bezugspersonen einstellen. Also bitte, Väter, herkommen und mitmachen bei den Aufgaben und Pflichten, und zwar jeden Tag. Und Du, liebe Mutter, nimm alle Hilfe des Vaters an, die Du bekommen kannst, und fordere seine Hälfte der Pflegearbeit ein. Dann gibt es fürsorgliche Grosseltern (wenn auch nicht unbedingt vor Ort, aber gut für lange Ferien mit Oma und Opa), liebevolle Kindermädchen und einfühlsame Erzieherinnen, auch in Kinderbetreuungseinrichtungen. Wichtig ist, dass die Anzahl der Bezugspersonen und das Umfeld stabil sind und nicht ständig wechseln.

„It takes a village to raise a child", titelte schon vor Jahren die ehemalige US-amerikanische Aussenministerin und First Lady Hillary Clinton und zitierte damit ein altes afrikanisches Sprichwort. Will sagen: Die Mutter allein reicht nicht. Jeder Ehrgeiz, diese Riesenaufgabe allein stemmen zu wollen und zu sollen, führt uns nicht weit. Wir müssen nach alternativen Betreuungspersonen und -systemen suchen, wenn wir uns nicht selbst überlasten wollen. Von einer überforderten, genervten, ständig schreienden Mutter hat ein Kind wenig Gewinn, auch wenn es alle Zeit mit ihr verbringt. Viel wichtiger für Dein Kind ist, dass Du selbst mit Dir zufrieden bist, und dass Du „quality time" mit Deinem Kind verbringst.

Ich bin eine „Rabenmutter", und weisst Du was? Es hat unseren Kindern nicht geschadet. Und es ist bei weitem nicht so, dass „zugekaufte" Betreuung und professionelle Hilfe nicht liebevoll wäre. Allerdings müssen die Bezugspersonen einigermassen stabil sein. Die teilweise Fremdbetreuung unserer Kinder hat unsere Familie sogar bereichert – wir haben heute noch Kontakt zu früheren Au-Pair-Mädchen, Au-Pair-Omas, Erzieherinnen und Haushaltshilfen, jede hat neue Anregungen in unsere Familie und für die Kinder mit eingebracht und hat bis heute einen Platz in ihren Herzen. Die eine malte mit den Kindern, die andere brachte ihnen das Radfahren bei, mit der dritten schälten sie Kartoffeln und halfen beim Kochen. Ich war zufrieden, weil ich so auch beruflich erfolgreich sein konnte, und das haben unsere Kinder gespürt. Ausserdem ist mein Mann ein hervorragender, witziger Vater. Unsere Tochter attestiert uns heute, dass sie es sogar gut fand, nicht immer die Eltern im Nacken sitzen zu haben, die Zeiten ohne Eltern empfand sie durchaus positiv als Freizeit von uns.

Auf was wir immer geachtet haben, und was ich auch für unverzichtbar halte: Auf ein gemeinsames Frühstück (meist noch im Bett) und auf ein gemeinsames Abendessen. Wir unterschätzen gewaltig die Mahlzeiten, das tägliche Versammeln um einen gemeinsamen

Tisch, in ihrer sozialen Bindewirkung. Das tägliche Essensritual ist viel mehr als satt werden, es ist Familienentwicklung und Familienkitt. Darum herum findet Familienleben im Alltag statt. Hier wird ausgetauscht, was der Tag bringt, oder was er gebracht hat, hier wird über Sorgen und Nöte gesprochen, über Pläne und Träume. Hier wird gestritten und sich versöhnt, hier wird eingeordnet und erzogen. Gemeinsames Essen ist „quality time" per se.

Wir hatten das grosse Glück, dass unsere Eltern immer aushalfen, wenn die Not mal wieder riesengross war, und die Kita die kranken Kinder nach Hause geschickt hatte. Dann fuhr mein Mann die Fieberkinder nach der Arbeit 550 km von Belgien nach Bayern, lieferte sie bei meinen Eltern ab und heizte mit viel Kaffee nachts noch zurück, um morgens wieder an seinem Schreibtisch zu sitzen. „Komisch", sagte der Hausarzt meiner Eltern, „wenn die Kinder bei Ihnen sind, sind sie immer krank." Darauf meine Mutter ganz schlagfertig: „Ich kriege sie ja nur, wenn sie krank sind." Das stimmt nicht ganz, denn sie und meine Schwiegereltern bekamen im Sommer auch gesunde Ferienkinder zum Verwöhnen – zwei Monate Schulferien müssen schliesslich überbrückt werden, und für alle waren diese Zeiten ein Gewinn.

Das Wort „Rabenmutter" existiert übrigens in anderen Sprachen gar nicht, auch das überidealisierte Mutterbild, das in deutschsprachigen Ländern hoch gehalten wird, gibt es dort nicht. Ebenso wenig auffindbar und unübersetzbar ist das Verb „fremdeln". Französische oder belgische Kinder fremdeln in der Regel nicht, weil sie bereits mit wenigen Monaten an Fremdbetreuung in einer Kinderkrippe gewöhnt wurden, und zwar schon bevor die Gesichtserkennungsphase einsetzt, und wenn diese dann beginnt, sie ihre Erzieherinnen schon kennen. Ach ja, und übrigens wird das Wort „Rabenvater" im Deutschen kaum verwendet.

Daher mein ganz starkes und überzeugtes Plädoyer an junge, berufstätige Mütter: Achte darauf, dass Du eine zufriedene Mutter bist! Auch wenn Dein Kind zunächst die oberste Priorität hat in Deinem Leben, bleibe egoistisch und nimm Dir auch Zeit für Dich, Deinen Partner und Deine Berufstätigkeit! Dein Kind kann sich mit Fremdbetreuung arrangieren und sogar davon profitieren, solange die Bezugspersonen einigermassen stabil sind und es täglich „quality time" exklusiv mit den Eltern verbringen kann. Und letztere lässt sich relativ gut um zwei tägliche gemeinsame Mahlzeiten herum und Morgen- und Abendrituale arrangieren.

Auch später freut sich Dein Kind über eine aktive Mutter, die sich nicht nur über den Nachwuchs und den Haushalt definiert, eine Mutter, die eine auskömmliche Rente hat und nicht finanziell unterstützt werden muss, weil sie vor lauter Mutterbegeisterung in jungen Jahren dann mit 65 in die Altersarmut hineingerutscht ist. Nutze gute Kinderbetreuungseinrichtungen und habe kein schlechtes Gewissen dabei. Einzelkinder freuen sich dort sogar über stabile Kontakte mit Gleichaltrigen. Bleibe als Mutter egoistisch, ziehe den Vater mit zur Sorgearbeit heran und lasse Dein Kind Zeit mit den Grosseltern verbringen, wenn sie es wollen!

4.4 Emanzipation beginnt im Haushalt: Vom kleinen Leben zwischen dem grossen

Emanzipation wird häufig mit grossen Kämpfen gleichgesetzt: Kampf um das Frauenwahlrecht, um Abtreibung, um Frauenquoten. Das sind grosse und entscheidende Kämpfe. Ich bin unseren Vorfahrinnen dankbar dafür, dass sie uns bereits einen guten Teil unserer Hälfte der Welt erkämpft haben, zumindest rechtlich, auf dem Papier.

Meine Mutter musste noch ihren Mann fragen, ob sie arbeiten gehen dürfe, und das eigene Geld meiner Oma war eine kleine Tasse im Küchenschrank, in der sie die paar Mark sammelte, die sie aus dem Verkauf von Eiern erlöste. Aber sie durfte schon wählen gehen, und wenn ihr mein Grossvater vorschreiben wollte, welche Partei sie wählen sollte, konterte sie: „In meine Wahlkabine gehe ich ganz allein!" Welch ein Unterschied zu mir, ihrer Enkelin, die gleichberechtigt die Schulen und Universitäten besuchen konnte, für die wählen gehen ein demokratisches Grundrecht ist, und die in einem selbst gewählten Beruf ihr eigenes Geld verdient, auch wenn es immer noch genügend zu erstreiten gibt: Kinderbetreuungsplätze, Quoten, gleicher Lohn für gleiche Arbeit.

Aber Emanzipation sind nicht nur diese grossen Siege und Rechte, sondern auch die ganz kleinen. Emanzipation fängt im Haushalt an. Wird die lästige Hausarbeit gerecht auf beide Schultern verteilt? Wer putzt das Bad? Wer kümmert sich um das kranke Kind? Wer verwaltet Steuern und Finanzen im Haushalt? Ich wage die steile These, dass hier noch viel Emanzipationspotential herumlungert, das gehoben werden kann. Wir Frauen haben in diesen kleinen Alltagsdingen immer noch nicht die Hälfte der Care-Arbeit an die Männer abgegeben. Vielmehr tragen wir die Mühen des Familienalltags wie Atlas auf unseren Schultern. Oft wird von „Second Shift" gesprochen – also zusätzliche Hausarbeit zusätzlich zu den beruflichen Verpflichtungen. Im Haushalt ist der Weg zur Gleichberechtigung noch weit. Hohe Scheidungsraten zeugen nicht nur von Seitensprüngen und Zerrüttung, sondern auch von mangelnder Beteiligung der Männer an den Mühen des Haushaltsalltags, vor allem, wenn einmal Kinder da sind.

Dieser Weg, von unseren Partnern mehr Einsatz für Hausarbeit einzufordern, ist steinig und mühselig. Ich selbst bin ihn nicht durchgängig gegangen, hätte ich doch jeden Abend Streit vorprogrammiert. Vor allem, wenn einmal Kinder da sind, wird diese kleine Emanzipation im Haushalt zum Drahtseilakt und oft zum Stolperstein. Ich weiss aus Erfahrung nur eines: Alles, was Du einmal übernommen hast um des lieben Friedens Willen, kriegst Du nie, nie, nie wieder los. Darum wehre den Anfängen!

Annehmbar machten wir den Haushaltsalltag als zwei voll berufstätige Eltern mit Kindern dadurch, dass die Kinder den Hort besuchten, und wir für die Hausarbeit eine Haushaltshilfe einstellten – also die Arbeit auf mehrere, bezahlte Schultern verteilten. Ohne diese Auslagerung von Arbeit wäre es nicht gegangen, nicht was die Menge der Hausarbeit und der Care-Arbeit mit Kindern betrifft, und auch nicht was die Arbeitsteilung zwischen Mann und Frau betrifft.

Eine voll gleichberechtigte Verteilung von Haushalts- und Familienarbeitslast auf beide Schultern sehe ich auch heute um mich noch eher selten, obwohl sich die Situation verbessert hat. Es gibt den neuen Mann, aber er macht sich beim Kloputzen noch rar, und seine Augen scheinen einen Gendefekt zu haben, denn sie sehen keine Brotkrumen auf dem Küchenfussboden. Oder ist das schon der graue Star? Wieso denn aufwischen, wo's doch Saugroboter gibt?

Emanzipation ist also nicht nur gross, sondern auch ganz klein. Emanzipation sind nicht nur gesetzlich verbriefte Gleichstellungsrechte und volle gesellschaftliche und wirtschaftliche Teilhabe, sondern auch gelebte Beteiligung im Alltag. Alle drei Bereiche sind wichtig. Der emanzipatorische Fortschritt im Privaten kriecht immer noch mit dem Tempo einer Schnecke. Es gibt hier kein wirkliches Patentrezept, sondern nur immer wieder den neuen Versuch, Familienarbeit auch wirklich auf beide Partner gleich zu verteilen – oder sie auszulagern, also gemeinschaftlich dafür zu bezahlen. Dieses Bemühen hört nie auf.

4.5   Care-Arbeit: Besser eine instabile Balance als gar keine

Care-Arbeit ist nicht nur die Erziehung und das Grossziehen von Kindern. Es ist auch die Sorge um alternde Eltern, ihre Unterstützung und Pflege. Auch diese ist, wie könnte es anders sein, häufig Frauenarbeit. In der Regel unbezahlt, wenn sie in der Familie, schlecht bezahlt, wenn sie auf dem Pflegemarkt geleistet wird.

An beiden Enden der Care-Arbeit – am vorderen (Kinder) und am hinteren (alte Eltern) – gibt es Institutionen, die uns unterstützen können: Kinderbetreuungseinrichtungen, Tagespflegestätten, Alten- und Pflegeheime. Ich bin der Meinung: Nutze sie! Wir, die wir in Klein- und Kernfamilien von Vater, Mutter, Kind, in Patchwork-Familien oder als Kinder eines alleinerziehenden Elternteils aufgewachsen sind, wir, von denen erwartet wird, dass wir mobil sind und der Arbeit an neue Wohnorte hinterher ziehen, können und brauchen nicht so tun, als wären wir in einer Mehrgenerationenfamilie gross geworden, die nie umziehen musste, in der es viele Hilfen sozusagen „frei Haus" gibt und vor Ort, genährt rein durch Familienbande. Die Realität ist nicht mehr so.

In beiden Fällen – Betreuung von Kindern, Pflege von alten Eltern – laufen wir mit schlechtem Gewissen durch die Gegend, wenn wir *unser* Leben gleichzeitig weiterleben, indem wir arbeiten und uns damit auch um unsere eigene spätere Rente kümmern. Wir können nie genug geben, wir sind immer ausser Atem, wir finden nie in eine stabile Balance, liegen nie wie eine Kugel ruhig am Grund einer Schale.

Ich glaube mittlerweile, in diesen Fragen gibt es keine stabile Balance, ausser wir geben unser eigenes Leben auf. Ich wollte und will es nicht. Deswegen lebe ich seit Jahren in einem Zustand der instabilen Balance: Ich tanze auf dem Gipfel eines Vulkans, kann jederzeit rechts oder links, vorne oder hinten herunterfallen, aber solange ich es schaffe, auf der Spitze irgendeine Art von Balance zu halten, bleibe ich oben, rollt die Kugel nicht nach unten.

Heisst in der Praxis so viel wie: Ich gebe, was ich jeweils in einem Moment erübrigen kann, schaue, was ich im Rahmen des Möglichen tun kann und hoffe auf bessere Zeiten.

Ich bleibe zu Hause bei einem fiebernden Kind, ich fahre zu kranken Eltern. Bleibe dort auch, bis sich die Notsituation klärt. Aber weder kündige ich meinen Job noch ziehe ich zurück zu meinen Eltern.

Einiges lässt sich eine Zeitlang auslagern, ohne dass die Lebens- und Betreuungsqualität leidet: Was können der Taxifahrer oder der Bürgerbus leisten, was kann ein Gärtner im Garten machen, welche Hilfen können im Haushalt unterstützen, sollen wir Essen auf Rädern bestellen. Aber irgendwann, wenn's nicht mehr allein geht, dann kommt der grosse Abschied vom Haus oder der Wohnung und der Umzug in ein Pflegeheim.

So, wie in der Kleinfamilie bei der Kinderbetreuung nicht alles die Eltern leisten können, so können auch wir als Kinder nicht alles für unsere immer älter werdenden Eltern leisten, vor allem, wenn wir nicht am Ort leben. Viele Eltern verstehen das zum Glück auch und helfen selbst mit, soweit sie können. Ohnehin versuchen sie, so lange wie möglich selbständig zu leben: „Ja, wie soll's schon gehen. Wir sind zufrieden." Einen dicken Dank dafür!

In jedem Fall ist Care-Arbeit an beiden Enden des Lebens mit grossen moralischen Ansprüchen verknüpft: Wer seine eigenen Kinder nicht permanent selbst betreut, gilt als „Rabenmutter". Für den Umgang mit alten Eltern gibt es ein solch negativ besetztes spezielles Wort nicht, aber es gibt die Wörter „Undankbarkeit, Herzlosigkeit, Egoismus", denen wir uns stellen müssen.

In Zeiten schrumpfender Geburtenraten bei gleichzeitig steigender Lebenserwartung und steigender Anzahl von Einzelkindern, die sich um zwei Elternteile kümmern sollen, kannst Du nicht darauf vertrauen – wie die Generation meiner Eltern, wie meine Generation vielleicht gerade noch – dass der Generationenvertrag in der Sozialversicherung hält. Vielmehr musst Du davon ausgehen, dass Du einen Teil Deiner künftigen Altersversorgung selbst ansparen musst, und das bei gleichzeitig steigenden Renten- und Pflegeversicherungsbeiträgen. Je jünger Du bist, desto wahrscheinlicher ist dieses Szenario.

Die Rente berechnet sich nach dem Einkommen – Teilzeitarbeit für Kinderbetreuung oder die Pflege alter Eltern ist für Dich und Deine künftige Rente nicht risikolos, auch wenn diese Familienarbeit im Moment durchaus „nur" Deine Zeit kostet und Dein Gewissen beruhigt. Das Geld, das Du jetzt nicht in Deine eigene Altersversorgung steckst, wird Dir später fehlen. Wahrscheinlich kann es um einiges vorteilhafter sein, erwerbstätig zu bleiben und Pflegeleistungen dazuzukaufen soweit es geht, weil dann die Berechnungsgrundlage für Deine Rente – Dein Einkommen – viel höher ist, und damit auch Deine eigene Rente später höher ausfallen wird. Dieser Aspekt wird häufig ausgeblendet, weil als junger Mensch die Rente noch weit weg erscheint. Aber ganz schnell bist Du fünfzig und dann schaut sie bereits um die Ecke.

Wenn es also nicht mehr geht, musst Du eine Güterabwägung treffen: Eltern selbst betreuen, durchaus auf Kosten Deiner eigenen sozialen Sicherheit, oder Deine eigene soziale Absicherung im Blick behalten und Hilfen zukaufen, auch wenn das im Moment durchaus als die teurere Variante erscheinen mag. Dann gibt es natürlich noch die grosse Entscheidung, die Eltern in ihrem sozialen Umfeld vor Ort betreuen zu lassen, wo alte Freunde und

Verwandte sie noch besuchen können, oder sie in fussläufige Nähe zu Dir zu holen, wo sie ausser Dir keinen kennen, und wo Du die wichtigste Bezugsperson bist.

Auch hier gibt es keine Patentrezepte, jeder alte Mensch braucht andere Arten täglicher Pflege, jede Entscheidung ist anders und schwierig. Es gibt aber auch hier keine stabilen Gleichgewichte, nur labile, weil sich der Gesundheitszustand alter Eltern jederzeit verschlechtern kann und neue Entscheidungen verlangt.

Deswegen freue Dich über jeden Tag im labilen Gleichgewicht, den Du frei für Dich leben kannst und sei dankbar dafür. Eile in Notfällen herbei, auch wenn Du dafür Sonderurlaub nehmen musst oder lange Fahrtzeiten hast und schau, wo und wie Du helfen kannst. Kümmere Dich um die Organisation der Pflege alter Eltern, wenn es so weit ist, und trage Deinen Teil dazu bei. Habe dabei aber auch die Folgen für Deine eigene finanzielle Sicherheit, Dein eigenes Leben, Deine Gesundheit und Deine Zukunft im Blick.

4.6   Verspreche nur, was du halten kannst

Oje, so ein alter Zopf, denkst Du jetzt vielleicht. Denn ich komme mit dem Thema Verlässlichkeit. Ein Uraltthema, aber immer noch genauso aktuell wie früher, ein echter Evergreen. Die Basis jeder auf Vertrauen basierenden menschlichen Beziehung, die Wurzel für den Aufbau von sozialen Beziehungen, das Erfolgsrezept für ihre Dauerhaftigkeit. „Versprochen ist versprochen und wird auch nicht gebrochen", lautet der treffende Kinderreim dazu.

Es klingt also sehr einfach: Verspreche nur, was Du halten kannst. Aber das ist es nicht. Denn es erfordert Ehrlichkeit, Abwägung, Priorisierung und Nein-Sagen-Können *vorher*.

Meist läuft es so: Wir mögen jemanden, wir sagen, wir helfen gern, wir versprechen, dass wir da sein und dies und jenes tun werden. Aber wenn es dann soweit ist, dies zu tun, haben wir plötzlich keine Zeit mehr, schieben wir es vor uns her, drücken uns davor. Manchmal kommen wir damit durch, vor allem wenn uns eine Beziehung nicht wirklich wichtig ist, und wir im Zweifel auch auf sie verzichten können. Aber für alle wirklich wichtigen Beziehungen in unserem Leben sind gebrochene Versprechen das reinste Gift.

Warum sollen sich Menschen an uns binden, wenn sie sich nicht auf uns verlassen können? Wenn wir das Fähnchen nach dem Wind hängen und morgen vergessen, was wir heute gesagt haben? Wenn wir zusagen, um zwölf zu kommen, dann stehen wir um zwölf auf der Matte und nicht um Viertel vor eins. Das gebietet schon der Respekt vor der Zeit des anderen. Für mich war und ist Verlässlichkeit jedenfalls eines der wichtigsten Kriterien, nach denen ich meinen Partner und meine Freunde aussuchte. Aber dafür muss ich auch selbst genauso verlässlich sein, wie ich dies von anderen verlange.

Ich versuche also, nichts zu versprechen, was ich nicht halten kann. Das bedeutet, bevor ich etwas zusage, schaue ich in meinen Terminkalender, ob ich auch genügend Zeit habe. Es bedeutet, pünktlich zu sein. Klingt einfach, macht aber nicht jede. Bevor ich mich engagiere, frage ich mich, ob ich mein Engagement zumindest für einen gewissen Zeitraum durchhalten kann. Scheint plausibel, aber manchmal reisst uns das Feuer des Augenblicks mit, versprechen wir zu viel und bereuen das hinterher. Dann tun wir es ungern oder rudern zurück, tun es schlecht oder gar nicht.

Im Zweifel ist es besser, direkt „Nein" zu sagen und sich keiner neuen Verpflichtung zu unterwerfen, als eine Zusage nicht einzuhalten. Das ist manchmal sehr schwer, weil ein „Nein" leicht als Affront interpretiert wird. Dabei ist es die ehrliche Form des Nein-Sagens. Weil diese ehrliche Form des Nein-Sagens so schwer ist, höre ich immer genau hin, ob mir jemand etwas mit einem klaren kurzen „Ja" verspricht, oder einem „Ja, aber". An das „Ja, aber" binde ich keinerlei Erwartungen, denn es ist nichts wert und nur ein verkapptes „Nein".

Wenn Du keine direkte Zusage machen willst, kannst Du auch erst einmal Zeit gewinnen mit einem „Ich prüfe das und gebe Dir Bescheid."

Versprechen bedeuten nichts, wenn sie nicht eingehalten werden, und Du willst ja nicht als Schaumschlägerin eingeordnet werden. Verlässlichkeit ist Gold in Beziehungen. Letztendlich werden Menschen an ihren Taten gemessen und nicht an ihren Worten. Übrigens sage ich immer häufiger Nein und verspreche anderen immer weniger, je älter ich werde. Ich tue es dann trotzdem oft doch – und ernte so Freude und positive Überraschung. Potz Blitz.

4.7   Carpe Diem – Nutze den Tag

Carpe diem (wörtlich: Pflücke den Tag) – das geflügelte Wort des römischen Dichters Horaz wird auf zwei Arten ins Deutsche übersetzt: „Nutze den Tag." Aber auch „Geniesse den Tag". Morgen kann alles vorbei sein, deswegen freue Dich am Heute, geniesse es und tue das Notwendige, nutze den Tag. Sei aktiv, nicht passiv.

Da ich nur den Spruch kenne, selbst aber kein Latein kann, habe ich die KI befragt zur Etymologie von Carpe Diem und folgende weise Antwort erhalten, die ich auch mit Lateinkenntnissen nicht besser hätte formulieren können:

„Das Verb „carpere": „Carpere" bedeutet wörtlich „pflücken", „ernten" oder „genießen". Es trägt die Vorstellung des aktiven Handelns in sich: Der Mensch soll den Tag nicht passiv verstreichen lassen, sondern ihn aktiv „ernten", als wäre der Tag eine Frucht.

„Diem" – der Tag: „Diem" ist der Akkusativ von „dies" (Tag). Die Wahl des Akkusativs betont die Handlung des „Pflückens". Der Tag wird dabei als eine Art Ressource dargestellt, die vom Menschen aktiv genutzt werden muss."

Es geht bei Carpe Diem also um das bewusste, aktive Handeln und Geniessen im heutigen Tag. Morgen kann es zu spät sein, oder die Sonne scheint anders, oder es regnet und ist grau, und auf der Blumenwiese haben die Blumen ihre Blüten geschlossen und sind gar nicht mehr fotogen. Hätten wir doch bloss das Foto am Vortag geschossen, als wir bei blauem Himmel und Sonne an dieser wunderbaren Wildblumenwiese vorbeigelaufen sind. Sehr treffend hat die US-amerikanische Menschenrechtsaktivistin und Ehefrau des 32. US-Präsidenten Franklin D. Roosevelt, Eleanor Roosevelt, formuliert: „Yesterday is history, tomorrow is mystery, today is a gift."

Carpe Diem ist eine Einladung, unser Leben bewusst zu leben und zu gestalten. Jeder Tag, jede Handlung, jeder Mensch verdienen unsere volle Aufmerksamkeit. Wir sehen mehr, wenn wir achtsam sind. Unsere Beziehungen werden intensiver, wenn wir uns auf den anderen einlassen und genau hinhören. Sei ganz da, wenn Du da bist. Nicht nur mit halber Aufmerksamkeit und geistig im Handy. Nutze den Tag, um zu schaffen, was er von Dir verlangt. Was Du heute kannst besorgen, das verschiebe nicht auf morgen.

Carpe Diem ist auch eine Einladung, das Kleine und Alltägliche zu schätzen. In den dunkelsten Stunden meines Lebens zählten plötzlich die ganz banalen Momente mit unserem Sohn mehr als die grossen: Zwei langweilige Stunden beim Arzt zu sitzen und zum fünften Mal das Wimmelbilderbuch anzuschauen, zusammen Zwiebeln für das Abendessen zu schneiden und dabei zu weinen, am Fussballfeldrand der Jüngstengruppe den lauffaulen Sohn anzufeuern. Die viele Alltagszeit, die wir zusammen verbracht hatten, und die oft trivial und ereignislos erscheint. Viele kleine Momente des Glücks stecken darin. Wir müssen sie nur sehen lernen und uns ihrer bewusst werden. Deswegen habe ich mir einen Spruch ins Badezimmer gehängt: „Enjoy the little things in life. For some day you will realise they were the big things."

Selbstcoachingfragen
- Wer hält und trägt mich? Wer ist die wichtigste Person in meinem Leben?
- Wo stehe ich im Beziehungsgeflecht meiner Familie/mit meinem Partner/meiner Freunde? Will ich da sein?
- Wer gibt mir Energie? Welche gemeinsamen Rituale/Aktivitäten geben mir Energie?
- Welche Beziehungen will ich pflegen, welche intensivieren, welche loslassen?
- Wie wichtig ist mir die Dauerhaftigkeit von Bindungen? Was sagt es über mich selbst aus?
- Was bin ich bereit, anderen zu geben (wem?), einfach so, ohne Gegenleistung zu erwarten?
- Welches Geschenk strahlt heute noch in meiner Erinnerung? Was kann ich davon für meine Geschenke an meine Familie/Partner/Freunde lernen?
- Was möchte ich an meinen sozialen Beziehungen verbessern? Was ist mein Ziel dabei?
- Mit welchem kleinsten Schritt kann ich jetzt gleich anfangen?

Finanzen 5

Geld regiert die Welt, und Geld regiert auch die kleine Welt Deiner Partnerschaft. Deswegen achte darauf, dass die Geldbalance nicht zu Deinen Ungunsten kippt. Mache Dich finanziell nicht von einem Partner abhängig, gehe arbeiten, verdiene Dein eigenes Geld und tappe nicht in die Teilzeitfalle. Beschäftige Dich mit Geldverwaltung und -vermehrung und kümmere Dich selbstverantwortlich um Deine Finanzen. Es macht Sinn, Finanzseminare zu besuchen, um sich in Geldsachen weiterzubilden. Führe ein Haushaltsbuch, um einen Überblick über die Finanzflüsse zu erhalten. Spare regelmässig einen bestimmten Betrag, und sei er noch so klein, und investiere dieses Geld, zum Beispiel nach der Pantoffel-Anlagestrategie der Verbraucherzentralen. Fange damit in jungen Jahren an, denn Zeit ist Geld: Halte Dir frühzeitig die Kraft des Zinseszinses vor Augen. Betrachte Kosten für Kinderbetreuung und Haushaltshilfen nicht als Kosten, sondern als Investition in Dich selbst.

5.1 Beschäftige Dich mit Geld, je früher, desto besser und führe ein Haushaltsbuch

Jetzt kommen wir zu einem meiner Lieblingsthemen, dem Geld. „Ach, Geld kommt und Geld geht, ich krieg das schon hin." „Ich erbe später genug Geld." „Das Thema Geld interessiert mich nicht." „Es ist mir viel wichtiger, dass mir etwas Spass macht, Geld steht dabei für mich nicht im Vordergrund." „Ich tue das gern, auch ohne Geld." „Ich such mir einen reichen Mann, dann klappt das schon mit dem Geld."

Ich habe viele solcher Ausflüchte, sich selbstverantwortlich um seine eigenen Finanzen zu kümmern, von meinen Freundinnen gehört. Viele Frauen drücken sich um das Thema. In Frauenzeitschriften wird es immer noch stiefmütterlich behandelt – Schönheits- und Modetipps, Models und Promineuigkeiten, Kochrezepte und Schminkratschläge

© Der/die Autor(en), exklusiv lizenziert an Springer Fachmedien Wiesbaden GmbH, ein Teil von Springer Nature 2026
T. Emmerling, *Es ist Zeit, nimm Dir Deine Hälfte der Welt!*,
https://doi.org/10.1007/978-3-658-49991-4_5

dominieren weiterhin den Markt. Aber wir und unser Leben sind mehr als diese reinen Frauenthemen, viel mehr!

Wenn Du keine reiche Erbin bist, die sich Geldignoranz leisten kann, sondern wenn Du Dir Deine Ausgaben verdienen musst, dann kann ich Dir nur ans Herz legen, Dich so früh wie möglich mit Finanzen zu beschäftigen. Am besten schon mit dem Taschengeld, dem Bafög oder dem ersten selbstverdienten Geld. Das Thema „Finanzen" klingt so abstrakt und so allgemein und so kompliziert, deshalb machen wir es jetzt in kleinen Schritten verdaubar.

Die Grundlage für alles ist ein Haushaltsbuch. Du musst wissen, wo Dein Geld herkommt und wo es hinfliesst, also wofür Du es ausgibst. Die Einkommensseite ist in der Regel einfach zu erstellen, bei den meisten überwiegt das Arbeitseinkommen, das gleichzeitig die Grenzen für die Ausgaben setzt.

Dagegen ist es schwerer, die Ausgaben im Blick zu behalten. Deshalb schreibe jede Ausgabe auf, am besten gleich in eine Kategorie (zum Beispiel Wohnen, Essen, Freizeit, Reise, Auto, Versicherungen, Zeitungen/Streaming etc.). Du kannst das, wie ich, altmodisch in einen Zettel eintragen oder, moderner, gleich in eine Excel-Datei eingeben. Oder Du kannst auf die groben Ausgabenblöcke vertrauen, in die die Girokonten vieler Banken Deine Ausgaben bereits vorkategorisieren. Praktischer finde ich aber die einfachen Apps, in denen Du jede Ausgabe sofort eintragen kannst, bei manchen kannst Du direkt auch den Kassenzettel mit einscannen. Mach es Dir zur Gewohnheit, gleich beim Anfallen jede Ausgabe aufzunehmen, und bleibe dran. Disziplin ist hier wichtig. Am Ende jeden Monats zählst Du jede Kategorie sowie die Summe aller Kategorien zusammen, und schon Du hast einen ersten Überblick, wo Dein Geld hinfliesst.

Meine Mutter schwört darauf, dass neben dem Haushaltsbuch ihr auch die Barzahlung ein Gefühl dafür vermittelt, wie viel sie ausgibt. Beim Bezahlen mit der Karte geht der Überblick schnell verloren, meint sie, denn wir sehen nicht direkt, wie viel – oder besser: wie wenig – Geld noch im Geldbeutel verbleibt, wir müssen uns erst einloggen und durchklicken. Es ist etwas dran an ihrer alten Hausfrauenregel, aber ich bezahle heute mit der Karte, meistens mit der Geldkarte, weil es einfach ist, und ich ausserdem die Ausgaben direkt dokumentiert habe. Der Nachteil aller Kartenzahlungen ist in der Zeit von Big Data die gläserne Verbraucherin, solche Informationen werden verkauft, und wir werden mit online-Werbung bombardiert. Die einfache Barzahlungsregel meiner Mutter schützt davor.

Je früher Du Dir das Führen eines Haushaltsbuches – egal ob manuell oder digital – angewöhnst, desto besser, denn dann geht es Dir irgendwann in Fleisch und Blut über. Ausserdem hast Du so Zeitreihen und kannst Monate und, wenn Du es brauchen solltest, auch Jahre miteinander vergleichen. Jedenfalls siehst Du immer sofort, ob noch etwas übrig ist von Deinem Geld, oder ob Du über Deine Verhältnisse gelebt hast. Wenn das der Fall ist, kannst Du sofort die Reissleine ziehen, und nicht erst, wenn Du über Kreditkartenzahlungen oder teure Dispositionskredite in die Kreditspirale geraten bist.

Überhaupt solltest Du alle ein bis zwei Jahre Deine Ausgaben und Einnahmen überprüfen: Gibt es Abonnements, die Du nicht mehr benutzt und kündigen kannst? Gibt es günstigere Handytarife als den, den Du derzeit hast? Kannst Du sparen, wenn Du den Stromanbieter wechselst? Gibt es bessere Versicherungen als die, die Du hast? Aber Du kannst

Dich auch fragen: Anstatt noch weiter an der Ausgabenseite zu drehen, kannst Du vielleicht die Einnahmen verbessern? Deine Spargroschen besser anlegen? Deine Arbeit wechseln, um mehr zu verdienen?

Richte Dir frühzeitig mindestens ein Girokonto auf Deinen Namen ein. Nur Du hast darauf Zugriff, nur Du agierst hier. Gib keinem Partner und keinem Familienmitglied die Mit-Verfügungsmacht über dieses Konto. Niemandem. Es ist Deines. Nur Deines. Ganz allein. Das Girokonto ist Dein erstes Fenster zur Finanzwelt, von dem aus Du weitere Finanzschritte entwickeln kannst. Vieles ist auch vom Konto aus noch nachvollziehbar, wenn Du es mal mit der Ausgaben-Aufschreib-Disziplin nicht allzu genau genommen hast. Und richte Dir auf diesem Girokonto den Kontowecker ein: Dann schreibt Dir Dein Konto eine E-Mail, wenn der Geldstand einen bestimmten Betrag unterschreitet, sodass Du noch schnell die Notbremse ziehen kannst, bevor Du in den teuren Dispositionskredit schlitterst.

Deshalb sind die schnöde Grundlage aller Finanzbildung das Führen eines einfachen Haushaltsbuches, damit Du Deine Geldflüsse kennst, und Dein eigenes Girokonto, über das nur Du verfügst. Fange sofort mit dem Haushaltsbuch an. Richte Dir sofort ein Girokonto ein. Heute noch! Gleich. Jetzt. Sofort.

Überwache dann Deine Finanzen regelmässig und achte darauf, dass Du *immer und unter allen Umständen* liquide bist und Deine Rechnungen bezahlen kannst. Nichts stresst mehr, nichts lässt uns schlechter schlafen als Geldsorgen. Das fängt im Kleinen an und hört im Grossen auf. Der Dispositionskredit, die Kreditkartenüberziehung sind zwar bequem zu haben, aber unvergleichlich teuer. Lieber eine Konsumausgabe auf später verschieben als Kredit für Konsum aufnehmen.

Erkunde dann die Welt der Geldanlage. Es gibt heute gute, seriöse und zum Teil sogar kostenlose oder zumindest preisgünstige Finanzbildungskurse von Frauen für Frauen. Online, in Präsenz, wie es am besten für Dich passt. Die Deutsche Börse bietet solche Kurse an, die Zeitschrift Brigitte hat sogar eine eigene Finanzakademie für Frauen, es gibt Investmentclubs für Frauen und spezielle Finanzberatung für Frauen. Gemeinsam lernt es sich leichter und mit niedrigerer Hemmschwelle, und es macht auch mehr Spass. Belege einen Grundkurs und bilde Dich dann systematisch fort. Wie gesagt, mache das bei seriösen Anbietern und Anbieterinnen. Ich persönlich halte nicht viel von den ultimativen Schnellseminaren auf dem Netz und Anlagetipps von ominösen Finfluencern auf dem Netz. „Investmentpornografie" nennt das der deutsche Investmentbanker und Finanzbuchautor Gerd Kommer.[1]

Finanzbildung ist kein Hexenwerk, Addieren, Subtrahieren und Prozentrechnen reichen als Vorbildung, aber Du brauchst Interesse am Thema und etwas Zeit. Ausserdem lernst Du andere Frauen kennen, die sich auch für Finanzen und Geldanlage interessieren. Also breche das Tabu und spreche über Geld, und nimm endlich Deine Finanzen in die Hand und manage sie selbst.

---

[1] Kommer G., Moser M. (2025). *Wo Finfluencer und Finanzbuchautoren lügen,* Blog vom 5.2.2025. https://gerd-kommer.de/blog/ist-investieren-leicht/

5.2   Lass das Zinseszinsprinzip für Dich arbeiten

Leider habe ich das Zinseszinsprinzip erst mit etwa 35 Jahren entdeckt. Dumm gelaufen. Das hat zwar gerade noch gereicht, aber zehn Jahre früher wären besser gewesen. Dann hätte das Kapital noch zehn Jahre länger Zeit gehabt, sich mit Zins und Zinseszins zu vermehren. Ein junger Mensch hat nämlich ein ganz dickes Pfund, mit dem er wuchern kann: Zeit!

Leider haben viele in jungen Jahren nicht viel Geld (übrig), aber selbst kleinste Sparbeträge können einen grossen Unterschied machen, wenn Du sie konsequent anlegst und dann 30 Jahre oder 35 Jahre lang arbeiten lässt.

Zwei Tabellen finde ich besonders aussagekräftig (Tab. 5.1 und 5.2):

Tab. 5.1 (Zinseszinseffekt bei einer einmaligen Anlage von 10.000 EUR mit verschiedenen Zinssätzen) zeigt, wie sich 10.000 EUR in zehn, 20, 30 und mehr Jahren vermehren, wenn Du sie zu 2, 4, 6 oder 8 % etc. anlegst (ohne Berücksichtigung von Steuern). Wenn Du also eine kleine Erbschaft machst und diese nicht in neue Klamotten steckst, sondern in ein aktienmarktnahes Finanzprodukt, kannst Du in 30 Jahren daraus bei einer angenommenen Verzinsung von 8 % ganze 100.627 EUR machen, also 10x soviel. 8 % ist die Durchschnittsrendite im Jahr, die Anlagen auf dem Aktienmarkt in den vergangenen 30 Jahren erbracht haben, zwischenzeitliche Crashs eingerechnet. Wer vorsichtiger ist, kann mit 6 % rechnen – das sind dann zwar rund 43.000 EUR weniger als bei 8 %, aber immer noch stolze 57.435 EUR, also immer noch eine Verfünffachung. Wenn Du dagegen Deine kleine Erbschaft auf dem Sparkonto bei 3 % versauern lässt, werden aus den 10.000 EUR in 30 Jahren nur 24.273 EUR – bei einer angenommenen Inflationsrate von 2 % im Jahr hast Du damit den Wert Deines Kapital gerade etwas mehr als erhalten.

Tab. 5.2 (Zinseszinseffekt bei einer monatlichen Anlage von 100 EUR mit verschiedenen Zinssätzen) zeigt, was Du aus einem monatlichen Sparbetrag von 100 EUR in zehn, 20, 30 oder mehr Jahren herausholen kannst, wenn Du ihn konsequent gut anlegst und ihn nicht auf Deinem Girokonto vergammeln lässt. Bei 8 % Verzinsung bekommst Du zum Beispiel in 30 Jahren 146.815 EUR heraus, bei 6 % Verzinsung immerhin 100.562 EUR. Das setzt natürlich voraus, dass Du 100 EUR übrig hast – oder Deine Ausgaben so optimierst, dass Du den Betrag „freischaufelst", indem Du auf etwas verzichtest, was Dir im Moment weniger wehtut, oder was Du Dir „erwirtschaftet" hast durch den jährlichen Kassensturz, durch den Verzicht aufs Rauchen oder Strom-/Handy-/Versicherungsanbieterwechsel. Über viele Arbeitgeber kannst Du auch vermögenswirksame Leistungen für einen solchen Sparplan beantragen. Wenn Dir Dein Arbeitgeber diese Möglichkeit nicht selbst anbietet: Nachfragen!

Bei meinem früheren Arbeitgeber musste ich in jungen Jahren einen solchen Sparplan für vermögenswirksame Leistungen anlegen, konnte das Geld aber nur in eine Lebensversicherung stecken. Diese sind in den vergangenen Jahren weit, weit weniger gut gelaufen

Tab. 5.1 Zinseszinstabelle einmalige Anlage

Zinseszinseffekt bei einer einmaligen Anlage von 10.000.- € mit verschiedenen Zinssätzen

Sparzeit in Jahren	3%	4%	5%	6%	7%	8%	9%	10%	12%	14%	15%
1	10.300	10.400	10.500	10.600	10.700	10.800	10.900	11.000	11.200	11.400	11.500
2	10.609	10.816	11.025	11.236	11.449	11.664	11.881	12.100	12.544	12.996	13.225
3	10.927	11.249	11.576	11.910	12.250	12.597	12.950	13.310	14.049	14.815	15.209
4	11.255	11.699	12.155	12.625	13.108	13.605	14.116	14.641	15.735	16.890	17.490
5	11.593	12.167	12.763	13.382	14.026	14.693	15.386	16.105	17.623	19.254	20.114
6	11.941	12.653	13.401	14.185	15.007	15.869	16.771	17.716	19.738	21.950	23.131
7	12.299	13.159	14.071	15.036	16.058	17.138	18.280	19.487	22.107	25.023	26.600
8	12.668	13.686	14.775	15.938	17.182	18.509	19.926	21.436	24.760	28.526	30.590
9	13.048	14.233	15.513	16.895	18.385	19.990	21.719	23.579	27.731	32.519	35.179
10	13.439	14.802	16.289	17.908	19.672	21.589	23.674	25.937	31.058	37.072	40.456
11	13.842	15.395	17.103	18.983	21.049	23.316	25.804	28.531	34.785	42.262	46.524
12	14.258	16.010	17.959	20.122	22.522	25.182	28.127	31.384	38.960	48.179	53.503
13	14.685	16.651	18.856	21.329	24.098	27.196	30.658	34.523	43.635	54.924	61.528
14	15.126	17.317	19.799	22.609	25.785	29.372	33.417	37.975	48.871	62.613	70.757
15	15.580	18.009	20.789	23.966	27.590	31.722	36.425	41.772	54.736	71.379	81.371
16	16.047	18.730	21.829	25.404	29.522	34.259	39.703	45.950	61.304	81.372	93.576
17	16.528	19.479	22.920	26.928	31.588	37.000	43.276	50.545	68.660	92.765	107.613
18	17.024	20.258	24.066	28.543	33.799	39.960	47.171	55.599	76.900	105.752	123.755
19	17.535	21.068	25.270	30.256	36.165	43.157	51.417	61.159	86.128	120.557	142.318
20	18.061	21.911	26.533	32.071	38.697	46.610	56.044	67.275	96.463	137.435	163.665
21	18.603	22.788	27.860	33.996	41.406	50.338	61.088	74.002	108.038	156.676	188.215
22	19.161	23.699	29.253	36.035	44.304	54.365	66.586	81.403	121.003	178.610	216.447
23	19.736	24.647	30.715	38.197	47.405	58.715	72.579	89.543	135.523	203.616	248.915
24	20.328	25.633	32.251	40.489	50.724	63.412	79.111	98.497	151.786	232.122	286.252
25	20.938	26.658	33.864	42.919	54.274	68.485	86.231	108.347	170.001	264.619	329.190
26	21.566	27.725	35.557	45.494	58.074	73.964	93.992	119.182	190.401	301.666	378.568
27	22.213	28.834	37.335	48.223	62.139	79.881	102.451	131.100	213.249	343.899	435.353
28	22.879	29.987	39.201	51.117	66.488	86.271	111.671	144.210	238.839	392.045	500.656
29	23.566	31.187	41.161	54.184	71.143	93.173	121.722	158.631	267.499	446.931	575.755
30	24.273	32.434	43.219	57.435	76.123	100.627	132.677	174.494	299.599	509.502	662.118
35	28.139	39.461	55.160	76.861	106.766	147.853	204.140	281.024	527.996	981.002	1.331.755
40	32.620	48.010	70.400	102.857	149.745	217.245	314.094	452.593	930.510	1.888.835	2.678.635
45	37.816	58.412	89.850	137.646	210.025	319.204	483.273	728.905	1.639.876	3.636.791	5.387.693
50	43.839	71.067	114.674	184.202	294.570	469.016	743.575	1.173.909	2.890.022	7.002.330	10.836.574
55	50.821	86.464	146.356	246.503	413.150	689.139	1.144.083	1.890.591	5.093.206	13.482.388	21.796.222
60	58.916	105.196	186.792	329.877	579.464	1.012.571	1.760.313	3.044.816	8.975.969	25.959.187	43.839.987

Bemerkung: Die Zinsen wurden nachschüssig berechnet. Für Richtigkeit wird keine Haftung übernommen !

Tab. 5.2 Zinseszinstabelle monatliche Anlage

Zinseszinseffekt bei einer monatlichen Anlage von 100.- € mit verschiedenen Zinssätzen

Sparzeit in Jahren	Invest. Betrag	4%	6%	8%	9%	10%	11%	12%	13%	14%	15%
1	1200	1.248	1.272	1.296	1.308	1.320	1.332	1.344	1.356	1.368	1.380
2	2400	2.546	2.620	2.696	2.734	2.772	2.811	2.849	2.888	2.928	2.967
3	3600	3.896	4.050	4.207	4.288	4.369	4.452	4.535	4.620	4.705	4.792
4	4800	5.300	5.565	5.840	5.982	6.126	6.273	6.423	6.576	6.732	6.891
5	6000	6.760	7.170	7.603	7.828	8.059	8.295	8.538	8.787	9.043	9.304
6	7200	8.278	8.873	9.507	9.841	10.185	10.540	10.907	11.286	11.677	12.080
7	8400	9.857	10.677	11.564	12.034	12.523	13.031	13.560	14.109	14.679	15.272
8	9600	11.499	12.590	13.785	14.425	15.095	15.797	16.531	17.299	18.102	18.943
9	10800	13.207	14.617	16.184	17.032	17.925	18.866	19.858	20.904	22.005	23.164
10	12000	14.984	16.766	18.775	19.872	21.037	22.274	23.585	24.977	26.453	28.019
11	13200	16.831	19.044	21.573	22.969	24.461	26.056	27.760	29.580	31.525	33.602
12	14400	18.752	21.459	24.594	26.344	28.227	30.254	32.435	34.782	37.306	40.022
13	15600	20.750	24.018	27.858	30.023	32.370	34.914	37.671	40.659	43.897	47.406
14	16800	22.828	26.731	31.383	34.033	36.927	40.086	43.536	47.301	51.411	55.896
15	18000	24.989	29.607	35.189	38.404	41.940	45.828	50.104	54.806	59.976	65.661
16	19200	27.237	32.655	39.300	43.168	47.454	52.201	57.460	63.287	69.741	76.890
17	20400	29.574	35.887	43.740	48.362	53.519	59.275	65.700	72.870	80.873	89.804
18	21600	32.005	39.312	48.536	54.022	60.191	67.127	74.928	83.699	93.563	104.654
19	22800	34.534	42.943	53.714	60.192	67.530	75.843	85.263	95.936	108.030	121.732
20	24000	37.163	46.791	59.308	66.917	75.603	85.518	96.838	109.764	124.522	141.372
21	25200	39.898	50.871	65.348	74.248	84.483	96.257	109.803	125.389	143.323	163.958
22	26400	42.741	55.195	71.872	82.238	94.252	108.177	124.323	143.046	164.756	189.932
23	27600	45.699	59.779	78.918	90.948	104.997	121.409	140.586	162.998	189.190	219.801
24	28800	48.775	64.637	86.527	100.441	116.816	136.096	158.801	185.543	217.045	254.152
25	30000	51.974	69.788	94.745	110.789	129.818	152.399	179.201	211.020	248.799	293.654
26	31200	55.301	75.247	103.621	122.068	144.120	170.494	202.049	239.809	284.999	339.083
27	32400	58.761	81.034	113.207	134.362	159.852	190.581	227.639	272.340	326.267	391.325
28	33600	62.360	87.168	123.559	147.762	177.157	212.877	256.299	309.100	373.312	451.404
29	34800	66.102	93.670	134.740	162.369	196.193	237.625	288.399	350.639	426.944	520.494
30	36000	69.994	100.562	146.815	178.290	217.132	265.096	324.351	397.578	488.084	599.948
35	42000	91.918	141.745	223.323	282.150	357.752	454.997	580.156	741.299	948.807	1.216.015
40	48000	118.592	196.857	335.737	441.950	584.222	774.992	1.030.971	1.374.583	1.835.890	2.455.145
45	54000	151.045	270.610	500.911	687.823	948.954	1.314.203	1.825.461	2.541.367	3.543.893	4.947.477
50	60000	190.529	369.307	743.606	1.066.129	1.536.359	2.222.803	3.225.625	4.691.092	6.832.505	9.960.448
55	66000	238.567	501.387	1.100.204	1.648.200	2.482.381	3.753.848	5.693.191	8.651.820	13.164.448	20.043.324
60	72000	297.012	678.139	1.624.164	2.543.788	4.005.958	6.333.748	10.041.886	15.949.204	25.356.062	40.323.588

Bemerkung: Die Zinsgutschriften wurden der Einfachheit halber jährlich nachschüßig berechnet. Für Richtigkeit wird keine Haftung übernommen !

Tab. 5.3 Zinseszins bei verschiedenen Zinssätzen über 45 Jahre.

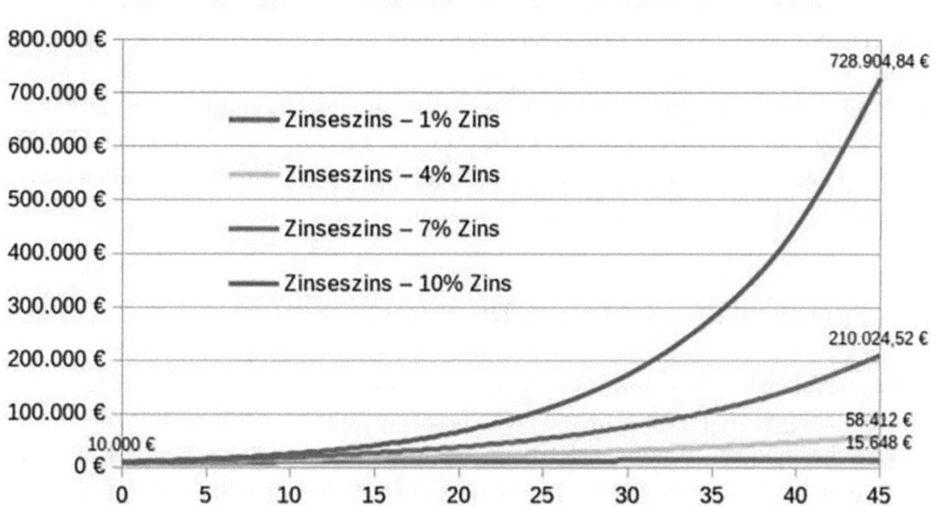

als der Aktienmarkt, insofern war das im Nachhinein keine besonders renditeträchtige Entscheidung gewesen. Aber allein die Tatsache, dass ich mit einer Einzahlung von etwa 100 EUR im Monat mir kurz vor der Rente einen beinahe sechsstelligen Betrag auszahlen lassen konnte, hat mich beeindruckt. Mit dem Geld zahlte ich den letzten Wohnungskredit vor der Rente ab und kann seither völlig schuldenfrei wohnen.

Es sind der Zins und der Zinseszins, die die 10.000 EUR vermehren, aber auch die Zeit. Je länger Dein Kapital Zeit hat zu wachsen, desto mehr vermehrt es sich, weil Du nicht nur auf das eingesetzte Kapital – die 10.000 EUR – sondern auch auf die Zinseinnahmen daraus wieder Zins erhältst. Der Unterschied zwischen zum Beispiel 20 oder 30 Jahren anlegen ist bei gleichem Zins- und Zinseszinssatz gewaltig: 25.364 EUR, wenn wir vorsichtig mit 6 % rechnen (57.435 EUR bei 30 Jahren – 32.071 EUR bei 20 Jahren = 25.364 EUR Unterschied). Vergleichen wir 30 und 40 Jahre, sind es schon 45.422 EUR (102.857 EUR – 57.435 EUR = 45.422 EUR), und die Beträge steigen mit den Jahren überproportional weiter. Wenn Du Tab. 5.1 in eine Grafik überträgst (Tab. 5.3), siehst Du die potenzierende Wirkung der Zeit noch plastischer.

Dies soll Dich anspornen, das kleine Sparen und Investieren (siehe nächstes Abschn. 5.3) nicht zu verschieben, sondern so früh wie möglich damit anzufangen. Kleinste Beträge machen über die Zeit einen Riesenunterschied.

Ich finde diese Tabellen ungeheuer aussagekräftig, und Du solltest Dir Zeit nehmen, sie zu verinnerlichen und Deine eigenen Entscheidungen daraus zu formulieren. Meine Eltern haben mir zwar das Sparen beigebracht und das Anlegen zu einem möglichst hohen Zinssatz (immerhin der erste und der zweite Schritt der Geldanlage), aber nicht das Zinseszinsprinzip vor Augen geführt. Sie haben die Zeit vergessen, und gerade die ist entscheidend!

Aber Du hast jetzt noch die Zeit. Also fange sofort mit dem automatisierten Sparen an und lass Dein Geld Zug um Zug nach oben wachsen. Spare dann einfach jeden Monat konsequent einen bestimmten Betrag an (wie das am einfachsten geht, mit auskömmlichem Ertrag und begrenztem Risiko siehe Abschn. 5.3), möglichst automatisiert, und lass dieses Geld 30 Jahre lang in Ruhe – Du wirst hoch erfreut sein, was für einen Betrag Du Dir selbst zu Deiner Rente dann auszahlen kannst.

5.3 Sparen allein reicht nicht, Du musst investieren

Grundregel Nummer 1 lernen wir von klein auf: Du kannst nur ausgeben, was Du (vorher eingenommen) hast. Ich habe als Kind mein Taschengeld immer sehr gern in die kleinen roten Lutscher und die Brausewürfel beim Eckladen verwandelt, und als es alle war, musste ich meine Schwester anpumpen, die ihr Geld statt dessen in die Spardose gesteckt hatte. Die Miniaturform von Schulden machen oder Anleihen aufnehmen.

Lange ging das natürlich nicht gut, meine Schwester protestierte, meine Eltern forderten mich auf, auch mein Sparschwein wenigstens immer mit ein paar Groschen zu füttern. Selbst sparen war angesagt, dreissig Pfennig jede Woche. Also zwei Lutscher weniger pro Woche. Denn Sparen für die Zukunft ist Verzicht auf heutigen Konsum.

Das Sparschwein wurde jedes Jahr zum Weltspartag geschlachtet, sein Bauchinhalt kam auf ein Sparbuch auf meinem Namen, wo es sich über die Zeit vermehren sollte. So weit, so gut. Wir sparen also schön, deponieren das Übrige auf dem Sparkonto und denken, das würde reichen. „Dump German money", sagen die Angelsachsen dazu.

Die sparen zwar auch, aber nicht auf dem Sparbuch. Vielmehr legen viele bereits bei der Geburt eines Kindes für dieses Kind Geld in einen Investitionsplan an, der sich aus Wertpapieren, oft Aktien oder Aktienfonds, zusammensetzt, und der jeden Monat mit einem kleinen Betrag bespart wird. Der Unterschied: Es wird zwar auch gespart, aber das Ersparte landet nicht auf dem Sparbuch, sondern wird direkt investiert in Anteile an Produktivvermögen. Von allen Anlageformen bringen Aktien und Aktienfonds über die Zeit die höchste Rendite, ausserdem lässt der Zinseszinseffekt grüssen.

Während ich zu meinem 18. Geburtstag mein Sparbuch ausgehändigt bekam, auf dem sich ein paar Tausender über die Jahre quälend langsam vermehrt hatten, verfügte meine englische Freundin mit ihrem Aktienpaket – rentabelste Anlage und Zinseszinseffekt – bei gleichem monatlichen Einsatz über rund 50.000 DM.

Es hat ein Jahrzehnt gedauert, bis ich mein Mindset vom reinen Sparen auf das Investieren umgepolt hatte. Denn Investieren heisst ja auch, Risiken tragen. Sind wir bereit dazu? Der Aktienmarkt ist der risikoreichste Geldanlagemarkt. Er ist volatil, manchmal crasht er. Der Wert des Portfolios sinkt dann dramatisch, das Geld schmilzt weg, und es kann ein paar Jahre dauern, bis er sich wieder erholt hat. Bisher haben Aktien über die Zeit aber, und das auch mit den Crashs, insgesamt zugelegt, und zwar um einiges stärker als Sparkonten oder Anleihepapiere. Und ausserdem beginnst Du ja frühzeitig mit dem Investieren, eine Delle dazwischen kannst Du gut aussitzen, wichtig ist, wie der Aktienmarkt steht, wenn Du Deine Papiere nach 25 oder 30 Jahren am Ende verkaufst, und nicht, was er so dazwischen alles treibt.

Wir können zwar nicht investieren wie Millionäre und Milliardäre, aber einen kleinen Teil vom wachsenden Produktivvermögen können wir uns bei begrenztem Risiko schon abschneiden, wenn wir klug und konsequent investieren anstatt nur stur mehr Geld auf dem Sparbuch anzusammeln.

Für die Vorsichtigen und Finanzfrischlinge hat die Zeitschrift „Finanztest" der Stiftung Warentest das Pantoffel-Portfolio[2] entwickelt: Wir müssen es einmal einrichten, dann brauchen wir nicht mehr viel zu tun, daher der Pantoffel-Name. Finanztest empfiehlt zwei Posten in einer solchen Basisanlage: Einen Renditebaustein mit einem breit gestreuten globalen Aktienfonds oder einem auf einen weltweiten Aktienindex laufenden ETF (das sind Exchange Traded Funds – börsengehandelte Indexfonds, eine Spielart der Investmentfonds) und einen Sicherheitsbaustein mit einer Zinsanlage, zum Beispiel Tagesgeld oder Euro-Anleihen-ETF. „Der Aktien-ETF dient als langfristiger Renditebringer, der Anleihen-ETF beziehungsweise das Tagesgeld sind der Stabilitätsanker."[3]

Mit der Pantoffel-Anlagestrategie lässt sich laut Finanztest eine auskömmliche Rendite (zwischen 3 und 6 % im Jahr) bei vertretbarem Risiko erzielen. Mit dem Pantoffel-Portfolio der Verbraucherzentrale kannst Du nicht viel falsch machen, einfach loslegen schadet also nicht, aber aufgepasst: Ein besonders wichtiger Faktor, wenn nicht der wesentliche, dieser Geldanlage sind die Kosten in Form von Gebühren. Da diese die Rendite schmälern, macht es Sinn, seinen Pantoffel-Sparplan bei einer Bank mit niedrigen Gebühren einzurichten. Häufig ist das leider nicht die Hausbank mit der Filiale um die Ecke. Vielmehr bieten online- und Direktbanken sowie Neobroker heute oft günstigere Konditionen für Wertpapiergeschäfte. Die Deutsche Bundesbank hat errechnet, dass sich kleine Unterschiede in den Gebühren über die Jahre leicht auf mehrere tausend Euros aufsummieren können. Es lohnt sich enorm, eine günstige Bank für Deinen Zinseszins-Pantoffelspar- und -Investitionsplan zu suchen![4]

---

[2] Das Pantoffel-Portfolio ist zum Beispiel beschrieben in: Stiftung Warentest, Finanztest, (2018). *„Anlegen mit ETF – Geld bequem investieren mit ETF und Indexfonds"*, Berlin, hier besonders S. 69ff

[3] Stiftung Warentest, *Anlegen mit ETF*, S. 72

[4] Deutsche Bundesbank, Bleich D. (2024). *Navigationshilfen im ETF-Dschungel*. Die Veröffentlichung enthält sehr eindrückliche Vergleichsrechnungen bezüglich der Kosten auf S. 11ff: Unter der hypothetischen Annahme, dass eine einmalige Geldanlage von EUR 10.000 dauerhaft eine Rendite von 7% pro Jahr abwirft, hat die Bundesbank Szenarien mit laufenden Kosten von (a) 0,05%, (b) 0,25%, (c) 0,75% und (d) 1,5% pro Jahr betrachtet. Nach 50 Jahren würde der Betrag in Szenario (a) auf 287.766 EUR anwachsen, in (b) auf 262,056 EUR, in (c) auf 207.227 EUR und in (d) auf 145.420 EUR. Der Kostenunterschied zwischen Szenario (a) und (b) von 0,2 Prozentpunkten pro Jahr ergibt nach 50 Jahren einen Betrag von 25.000 EUR, das rund 2,5-fache des ursprünglichen Anlagebetrags.

Meine von Inflation und Währungsumstellungen geprägten Eltern hatten übrigens eine ganz banale, goldene Regel für ihr Erspartes: Ihr Geld nie nur bei einer Bank anzulegen, sondern immer bei zwei, und bei keiner mehr als 100.000 DM (damals noch) zu deponieren. Denn eine könnte ja pleitegehen, dann lässt sich immer noch auf das Geld bei der anderen Bank zurückgreifen. Ausserdem hat dann keiner der Bankangestellten den ganzen Überblick über die Vermögensverhältnisse. Im Gegensatz zu reinen Sparanlagen bei einer Bank hat die Pantoffelstrategie über Wertpapiere übrigens den positiven Nebeneffekt, dass bei der Pleite der Bank Wertpapiere im Depot von Anlegern nicht zur Insolvenzmasse zählen, sondern weiterhin den Anlegern gehören.

Lass also Dein mühsam erspartes Geld nicht auf einem Sparkonto versauern, die sind heute so niedrig verzinst, dass sie nicht einmal die Inflation ausgleichen. Sondern studiere als Minimum das Sonderheft „Anlegen mit ETF" der Stiftung Warentest, das in jeder grösseren Bahnhofsbuchhandlung zu kaufen ist und beginne einen Spar- und Investitionsplan nach der Pantoffelempfehlung der Verbraucherzentrale, und das bei einer günstigen Bank. Je jünger Du damit anfängst, desto mehr bekommst Du im Alter heraus. Und besser geschützt vor Bankenpleiten bist Du damit auch noch.

Vom Pantoffelkonto aus kannst Du Dich dann weiter in die Welt des Geldes und der Finanzanlagen hineinwagen, das Feld dessen, was Du lernen und ausprobieren kannst, ist beinahe unbegrenzt. Mache aber risikoreiche Experimente nur von Geld, das Du wirklich übrig hast und in den nächsten Jahren nicht brauchst.

5.4   Mach Dich wirtschaftlich nie von Deinem Partner abhängig und höre nicht auf zu arbeiten

Zuerst ist es die grosse Liebe, und wenn wir Glück haben, bleiben wir ein Herz und eine Seele bis ins Grab. Viele leben dieses langjährige Glück nicht, knapp die Hälfte der Ehen werden heute geschieden. Mein Opa hat das so formuliert: „Die Ehe ist wie ein Hühnerhaus: Die, die draussen sind, wollen rein, und die, die drinnen sind, wollen raus."

Mein Opa hatte da ganz klar die Männerbrille auf: Die können oft relativ einfach rein oder raus, weil sie in der Regel finanziell unabhängig sind. Bei Frauen ist das nicht so leicht. Viele sind und bleiben wirtschaftlich abhängig, vor allem wenn einmal Kinder da sind, und das Rein und Raus geht da nicht so einfach.

Deswegen hat mir meine Mutter eingebleut: „Mädchen, lern etwas, damit Du später arbeiten gehen kannst und Dein eigenes Geld verdienst und nicht von einem Mann abhängig bist." Es war ihre allerwichtigste Botschaft an meine Schwester und mich, sie hat alles dafür getan, dass wir sie beherzigen – wofür ich ihr noch heute unendlich dankbar bin – und auch ich gebe diese zentrale frauenpolitische Botschaft an Dich in der nächsten Generation weiter.

---

https://www.bundesbank.de/resource/blob/935096/101c044cec617bd365d6fed7355ce3a2/47
2B63F073F071307366337C94F8C870/2024-07-03-etf-data.pdf

Meine Mutter war Hausfrau, wie sehr viele Nachkriegsehefrauen, die damals anpacken und Trümmer wegräumen mussten. Für lange Ausbildungen waren weder Zeit noch Geld da, „und das Mädchen heiratet ja doch und ist dann versorgt", hiess es. Dann kamen die Kinder statt einer Ausbildung, dann wurde ein Haus gebaut, und dann sassen sie in der Ehefalle und in der Kinderfalle, und eine eigene Rente hatten diese Frauen auch nicht. Abhängig vom Anfang bis zum Ende. Die Frau als abgeleitete Funktion des Mannes.

Was haben wir es heute gut, dass zumindest einige dieser alten Zöpfe gefallen sind! Wirtschaftliche Unabhängigkeit der Frau ist und bleibt für mich die Voraussetzung für jede gleichberechtigte Partnerschaft. Nichts macht selbstbewusster als eigenes Geld und das Wissen, sein Leben auch aus eigener Kraft finanzieren und gut gestalten und leben zu können. Wir müssen uns von Männern nicht alles bieten lassen. Wir können nämlich auch gehen, ohne in den wirtschaftlichen Abgrund zu stürzen.

Wir haben heute freche Vorbilder (nicht mehr die liebe-Mädchenbücher meiner Kinderzeit), können lernen wie die Jungen, eine Ausbildung absolvieren wie sie und haben auf dem Arbeitsmarkt – zumindest solange wir keine Mütter sind – die gleichen Chancen. Ja, es gibt nach wie vor den Pay Gap (siehe auch Abschn. 3.7). Ja, wenn wir uns für Kinder entscheiden, gehen wir immer noch bereitwilliger in Teilzeitarbeit als die Männer. Ja, Männer machen immer noch leichter Karriere, trotz Quote und Frauenförderprogrammen.

Aber: Die meisten jungen Frauen gehen heute arbeiten, verdienen ihr eigenes Geld und sind wirtschaftlich unabhängig. Bleib es! Unbedingt! Auch wenn Kinder da sind! Kinder kommen und gehen, aber Du bleibst! Erhalte Dir Deine wirtschaftliche Unabhängigkeit, durch alle Phasen und Fallstricke des Lebens hindurch.

In den meisten Fällen erhalten wir unser Geld durch Arbeit, nur die wenigsten werden schon in frühen Jahren eine reiche Erbschaft antreten oder haben bereits genug Finanzvermögen, um als Rentierin zu leben. Deswegen höre nicht auf zu arbeiten! Damit Dein Geldhahn nicht versiegt, damit Du im Geschäft bleibst und Deinen Wert auf dem Arbeitsmarkt erhältst und möglicherweise steigerst – und damit Du jeden zum Frosch mutierten Märchenprinzen jederzeit verlassen kannst, wenn es denn nötig wird, ohne Dir darüber Sorgen machen zu müssen, wie Du Dein neues Leben alleine bezahlst.

Übergib Deinem Partner auch nicht die Verwaltung Deiner Finanzen, wenn es auch noch so bequem wäre, wenn er es auch noch so gut kann, sondern mach das selbst. Du musst immer wissen, wo Dein Geld ist. Bestehe auf Deinem eigenen Konto, auf das Dein eigenes Geld fliesst, damit Dir keiner mal schnell den Geldhahn abdrehen kann, um Dich aufs Trockene zu setzen, bis Du wieder handzahmer wirst. Verwalte immer Dein eigenes Geld! Für gemeinsame Ausgaben könnt Ihr ein gemeinsames Konto anlegen.

Männer ihrerseits können beruhigt sein: Sie sind nicht nur als Ernährer gefragt. Das Männerbild ist nicht mehr so eindimensional, wie es einmal war. Darin liegt ein Geschenk und eine Herausforderung: Was will die Frau von mir? Dann heisst es die eigene Rolle hinterfragen, den eigenen Wert erkennen, Aufgaben klären, eine partnerschaftliche Perspektive und Zukunft entwickeln.

Die Grundvoraussetzung bei diesen Diskussionen ist, dass wir Frauen nicht in einer schwachen, abhängigen Position sind, sondern in einer gleichberechtigten. Und das geht nur, wenn wir jederzeit gehen könnten, wenn wir nur wollten. Das braucht wirtschaftliche Unabhängigkeit.

Mach Dich daher wirtschaftlich nie von Deinem Partner abhängig. Männer gehen im Zweifel ihrer Wege, der klassische Weg ist der, sich mit einer Frau, die ihre Tochter sein könnte, aus dem Staub zu machen. Du musst daher auf Deine beiden eigenen Beine fallen, wenn Dir das zustossen sollte. Und Du sollst – unabhängig von jeder anderen Frau gleich welchen Alters – Dich aus Deiner Beziehung verabschieden können, wenn genug genug ist. Es ist dann tausendmal leichter, wenn Du nicht ins wirtschaftliche Nirwana fällst, sondern Dir Dein neues Leben aufbauen und selbst finanzieren kannst.

5.5   Tappe nicht in die Teilzeitfalle

In Zeiten von Diskussionen um Vier-Tage-Wochen und zunehmender Teilzeitarbeit gebe ich Dir jetzt einen Ratschlag gegen den Strich: Teilzeitarbeit ist eine Falle. Tappe nicht hinein! Arbeite lieber weiterhin Vollzeit und delegiere Hausarbeit an eine bezahlte Kraft, auch wenn dies Dein ganzes Zusatzgehalt kostet. Warum lege ich Dir das ans Herz, obwohl es so gar nicht ins gängige neue Arbeitsschema passt?

Obwohl es mittlerweile Paare gibt, die beide beruflich kürzer treten und sich die Sorge- und Haushaltsarbeit gleichberechtigt teilen, ist Teilzeitarbeit immer noch im wesentlichen Frauensache, vor allem, wenn Kinder da sind. Wer da nicht ganz aus dem Beruf aussteigt, macht oft in Teilzeit weiter. Immerhin etwas: Frau bleibt im Beruf drin und hat mehr Zeit für das Kind. Denkt Frau. Aber das ist nur die halbe Wahrheit.

Ich arbeitete auch einmal für sechs Monate in Teilzeit, weil ich mehr Zeit mit unseren Kindern verbringen wollte. Das Ergebnis: Ich war gestresster als bei Vollzeitarbeit, und dabei nahm mein Mann seine Vaterpflichten sehr ernst. Morgens eilte ich mit allen anderen Arbeitnehmern und Arbeitnehmerinnen durch Staus und überfüllte Verkehrsmittel zum Arbeitsplatz. Dort arbeitete ich intensiv, um in meinen fünf Stunden auf dem Laufenden zu bleiben und die angelaufene Arbeit zu erledigen. Danach hetzte ich nach Hause, hatte gerade noch Zeit, schnell eine Waschmaschine anzuwerfen und Einkäufe zu besorgen, bevor die Kinder abgeholt werden mussten, dann das Abendprogramm in der Familie bis zum Schlafengehen. Ich fiel erschöpft mit den Kindern ins Bett. Da ich weniger arbeitete, war natürlich auch weniger Geld da, um Hilfen einzukaufen. In jedem Fall hatte ich nicht *mehr* Zeit für die Kinder, denn diese floss in Hausarbeit.

Nach sechs Monaten hatte ich genug vom Haushalt und trat eine neue Vollzeitstelle an. Waschen, einkaufen, kochen, putzen, aufräumen und bügeln wurden konsequent an eine bezahlte und sozialversicherungspflichtige Haushaltshilfe ausgelagert. Ja, es war alles nicht mehr ganz so perfekt wie ich es wollte, manche Ecken waren ein bisschen rund gefegt und die Bettlakenstapel im Schrank krumm, andere Dinge waren verlegt und erst beim nächsten Umzug auffindbar, aber ich war plötzlich den ganzen Haushalt los.

Verwaltungskram erledigte ich auf der Arbeit, wenn mal Leerlauf war, die Behörden haben ja nur während der Arbeitszeit offen. Ebenso Ärzte. Arbeitsmässig blieb ich auf dem Laufenden, da ich den ganzen Tag anwesend war und alles Wesentliche mitbekam, wohingegen mir vorher immer die zweite Hälfte des Nachmittags „gefehlt" hatte, und ich ihr hinterherhecheln musste. Ich hatte plötzlich sogar den Luxus einer Mittagspause! Kantinenessen mit Kollegen, Zeit zum Einkaufen oder kurzes Jogging rund um den nahegelegenen Park.

In jedem Fall hatte ich letztendlich trotz Vollerwerbstätigkeit nicht weniger Zeit für die Kinder als vorher während meiner Teilzeittätigkeit. Mein Mann und ich haben immer zusammen gefrühstückt mit den Kindern, zusammen Abendbrot gegessen und die Stunden bis zur Nachtruhe als Familie verbracht. (siehe auch Abschn. 4.3) Diese Zeit war tatsächlich Familienzeit, mit Vorlesen und Spiele spielen, und nicht nur Zeit zu Hause, durchsetzt von Bügelbrettern, Geschirrspülern, Kochtöpfen, Wischmops und Wäsche.

Ausserdem verpuffte auf diese Weise ein grosser Streitpunkt zwischen meinem Mann und mir: Wir mussten uns nicht mehr kleinlich darüber auseinandersetzen, wer schon wie viel vom Haushalt übernommen hatte oder warum die Toilette nicht geputzt war. Fehlte etwas, schmeckte das Essen nicht oder ging etwas zu Bruch, so war keiner von uns der Sündenbock, sondern das war Barbara, und Barbara war abends schon weg. Für unsere Beziehung bedeutete dies einen enormen Gewinn an Partnerschaftsqualität!

„Aber dann geht mein ganzes Zusatzgehalt für das Bezahlen der Haushaltshilfe drauf", höre ich Dich klagen, und ich gebe Dir Recht, ja, das mag in vielen Fällen in dem Moment so sein. Aber denke nicht nur an heute, sondern auch an morgen: Renten werden einkommensabhängig berechnet. Wenn Du in Teilzeit weniger verdienst, wird Deine spätere Rente geringer ausfallen als bei Vollerwerbstätigkeit. Wer heute Teilzeit arbeitet, hat morgen weniger Rente. So einfach ist das.

Ausserdem bist Du mit Teilzeitarbeit – in der Regel dann als der geringer verdienende Ehepartner – wegen des Ehegattensplittings in der ungünstigeren Steuerklasse, und verlierst gleich doppelt: Du verdienst weniger und zahlst auch noch anteilmässig mehr Steuern als Dein besser verdienender Ehepartner. Hinzu kommt, dass, wer Teilzeit arbeitet, weniger schnell oder gar nicht Karriere macht und sich damit oft selbst von den höheren Gehaltsklassen ausschliesst – eine Perpetuierung von niedrigem Lohn.

Deswegen: Bedenke sehr genau, ob Du Teilzeit arbeiten willst oder nicht! Teilzeit hat einen sehr hohen Preis an entgangenem Lohn, an Steuerzahlungen, an entgangener Karriere und entgangener Rente, ohne dass sie notwendigerweise mehr echte Familien- und Kinderzeit einbringt. Teilzeit ist für mich eine Falle.

Etwas anders würde ich die Situation nur bewerten, wenn beide Elternteile für die Kinderbetreuung zurückstecken und in Teilzeit gehen. Dann werden die Lasten zumindest gleich auf beide Schultern verteilt.

5.6   Betreuungs- und Haushaltskosten sind keine Kosten, sondern eine Investition in Dich selbst

Wenn Du Kinder hast und schön Haushaltsbuch führst, wirst Du rasch merken, wie teuer Kinder sind. Das beginnt mit den Windeln, dem Kinderwagen und Babykostgläschen und endet mit der Ausbildung, dem Studium oder der Hochzeit. Ein Kind kostet: Nach den letzten verfügbaren Zahlen von 2018 (!) gaben Paare mit einem Kind im Schnitt 763 EUR im Monat für ihren Nachwuchs aus – zusammengerechnet sind das bis zum 18. Lebensjahr über 160.000 EUR an Konsumausgaben.[5]

Kein Wunder, dass Eltern sparen wollen und müssen, und besonders gern wird an den Betreuungskosten für Kinder gespart und an den Haushaltshilfen. Denn es ist ja viel billiger, und sehr viel Geld lässt sich sparen, wenn man – in diesem Falle meist frau – das selbst macht. Tu das nicht! Spare nicht an der falschen Stelle!

Das konsequente Delegieren von Hausarbeit kostet zwar Geld, Du entledigst Dich damit aber einer lästigen Pflicht und kannst die so eingesparte Zeit mit lohnenderen Tätigkeiten verbringen, die sich viel positiver auf Deine Beziehungen auswirken werden: Familienzeit, Quality time mit Deinem Partner, Spezialzeit für jedes Kind einzeln oder auch einmal nur für Dich selbst.

Kein Kind erlebt ein Trauma fürs Leben, wenn es nicht permanent von seiner Mutter betreut wird, Kinder können sich sehr wohl auf mehrere Betreuungspersonen einstellen, diese sollten allerdings stabil sein (siehe auch Abschn. 4.3). Gute Kinderbetreuung kostet, Betreuungskosten für qualitätsvolle Kinderbetreuung, die den Eltern eine vernünftige Berufstätigkeit ermöglicht, addieren sich rasch zu vierstelligen Beträgen. Aber Sparen an guter Kinderbetreuung ist Sparen an falscher Stelle.

Betrachte daher Hilfen für Haushalt und Kinderbetreuung nicht als reine Kostenblöcke. Sie sind vielmehr – ähnlich wie die Ausgaben für Deine Ausbildung – Investitionen, und zwar in Dich selbst. Sie ermöglichen Dir, einen Beruf gemäss Deiner Ausbildung auszuüben, sie ermöglichen Dir, notwendige Ruhephasen in Dein gestresstes Leben als berufstätige Mutter einzubauen. Sie erhalten Deine mentale und seelische Gesundheit und Widerstandskraft, und sie schützen auch ein ganzes Stück weit Deine Beziehung.

Delegieren ist nichts Negatives – jeder Manager tut dies, jeder Unternehmer delegiert. Warum soll plötzlich in einem Privathaushalt schlecht sein, was im Unternehmen gut ist? Gutes Delegieren schaufelt Dir Zeit frei für Menschen und Tätigkeiten, die Dir mehr Spass machen, und die Dich weiter bringen als das immer gleiche Schnippeln von Gemüse oder Ausräumen der Spülmaschine – sofern Du diese nicht als Zen-Übung betreibst.

Die beste Entscheidung, die mein Mann und ich in der Kinderphase getroffen haben, war jedenfalls die, eine Haushaltshilfe einzustellen. Das hat einer Frau einen sozialver-

---

[5] Statistisches Bundesamt (2021). *Zahl der Woche – 763 EUR im Monat geben Paare mit Kind für ihren Nachwuchs aus.* Wiesbaden. Pressemitteilung Nr. 26 vom 29.6.2021.
https://www.destatis.de/DE/Presse/Pressemitteilungen/Zahl-der-Woche/2021/PD21_26_p002.html

sicherungspflichtigen Arbeitsplatz beschert, uns enorm von Haushaltsarbeit entlastet, es hat die Spannung aus den Tagen mit Kinderkrankheiten genommen und war überhaupt für unsere Kinder eine grosse Bereicherung. Ja, das hat viel Geld gekostet, aber es hat sich für alle Beteiligten gelohnt, und nicht nur finanziell. Wenn Du es Dir also leisten kannst, und bitte rechne Deine künftige Rente in diese Rechnung mit ein: Delegiere konsequent und investiere damit in Dich selbst!

5.7   Halte die Hand auf dem Budget

Ich habe fünf Jahre bei der EU-Haushaltskommissarin gearbeitet, und sie prägte beim Zahlenklauben durch den EU-Haushalt den doppelbödigen Spruch: „Frauen verstehen etwas von Haushalt!" Sie hat mich nicht nur die Funktionsweise des EU Budgets und der Finanzplanung gelehrt, sondern in mir auch das Interesse für Geldströme geweckt – seien es öffentliche oder private.

Fast alles, was wir tun, kostet oder bringt Geld. Zahlungsströme sind das in Geld gegossene Spiegelbild der Realität. Im Grossen bildet der jährliche Haushalt – der Bundeshaushalt etwa oder die Länderhaushalte – die finanziellen Auswirkungen von Politik ab. Neben dem Regierungschef ist der Finanzminister der wichtigste Mann/die wichtigste Frau in der Regierung, der Finanzausschuss im Parlament das zentrale Gremium. Gewiefte Haushälter wissen, wo das Geld steckt.

Ebenso ist es im Kleinen. Wer verstehen will, wo das Geld herkommt und wo es hinfliesst, muss dies aufschreiben und sich die Zahlen anschauen, sie analysieren und interpretieren. Stichwort Haushaltsbuch, das hatten wir ja schon in Abschn. 5.1. Und nun wieder so ein Plädoyer von mir: Führe ein Haushaltsbuch für Dein eigenes Geld und führe eines für Euer gemeinsames Geld. Was nach lästiger Buchhaltertätigkeit klingt, gibt Dir einen exzellenten Überblick über Deine und Eure gemeinsame Finanzsituation.

In guten Zeiten weisst Du immer, was ihr euch leisten könnt. Den wahren Wert des Wissens um die Finanzen wirst Du aber vor allem in schlechten Zeiten und Beziehungskrisen schätzen lernen. Etwa dann, wenn Dein Partner beginnt, Geld abzuziehen oder das gemeinsame Geld für unerklärliche Dinge abzapft. Wenn Du regelmässig die Finanzen verfolgst und führst, wirst Du Unregelmässigkeiten rasch bemerken.

In jungen Jahren habe ich mich einmal auf die finanziellen Fähigkeiten eines ehemaligen Freundes verlassen, der zugegebenermassen mehr Geld in die Beziehung einbrachte als ich – und wusste bei der Trennung nicht einmal, wie viel Geld wir eigentlich hatten. Ich war also in einer sehr schwachen Position, als es um das Teilen ging. Das war mir eine bittere Lehre. Diesen Fehler habe ich nur einmal im Leben begangen, und zu meinem Glück ging es damals noch um bescheidene Beträge.

Ich war bass erstaunt, als ich eine kleine Umfrage unter meinen Babyboomer-Freundinnen startete, wie sie es mit ihren Partnern mit den Finanzen halten. Obwohl wir Babyboomerinnen uns für eine aufgeklärte Generation halten, hatte nur eine meiner Freundinnen einen vollen Überblick über die gemeinsamen Finanzen – und konnte bei der

Scheidung ihren gerechten Anteil retten. Die meisten meiner Freundinnen bekamen noch Haushaltsgeld von ihrem Mann zugeteilt, hatten für kleinere Privatausgaben ihr eigenes Konto, ihnen fehlte aber der volle Überblick darüber, was an Einkommen und Vermögen wirklich da war. Und nur eine hatte einen Ehevertrag.

Ich plädiere hier nicht nur für Finanzwissen zum Schutz davor, bei einer eventuellen Trennung finanziell den Kürzeren zu ziehen. Auch wenn Dein Partner schwer erkrankt oder stirbt, ist es sinnvoll, wenn Du über Eure Finanzen Bescheid weisst und finanziell voll handlungsfähig bist und bleibst. Wie viele Frauen sind bei schwerer Krankheit oder nach dem Tod ihrer Männer mit den Finanzen, den Versicherungen und den Steuern komplett hilflos und überfordert! Da Frauen statistisch älter werden als Männer ist letzteres keine Fiktion, sondern ein sehr realistisches Szenario.

Deshalb: Halte vorausschauend die Hand auf dem Budget, und dies die ganze Zeit, und sei es noch so klein! Du weisst immer, was los ist, Du weisst immer, was wie viel kostet, Du merkst ganz schnell, wenn finanziell etwas schiefläuft, bei einer Trennung kann Dich der Partner nicht so leicht über den Tisch ziehen und bei Krankheit oder Tod des Partners bleibst Du handlungsfähig.

5.8 Versicherungen, die Du brauchst

So, jetzt trennen wir einmal Spreu vom Weizen und machen ein Ranking. Du brauchst auf alle Fälle eine Krankenversicherung. Das ist das A und O. Ich verstehe bis heute nicht, warum es in der hochentwickelten USA immer noch genügend Menschen gibt, die keine Krankenversicherung haben wollen. Ist mir komplett unverständlich.

Wenn Du als abhängig Beschäftigte arbeitest, hast Du in Deutschland als Teil Deiner verpflichtenden Sozialausgaben neben der Krankenversicherung ausserdem die gesetzliche Rentenversicherung (für die Zeit nach Deiner aktiven Arbeitsphase, derzeit in der Regel ab 67 Jahren), die Pflegeversicherung (falls Du ein Pflegefall wirst), die Arbeitslosenversicherung (falls Du arbeitslos wirst) und eine Unfallversicherung gegen Arbeitsunfälle. Damit sind ganz wichtige Risiken des Lebens versicherungsmässig abgedeckt.

Dann gibt es weitere private Versicherungen, die Du haben solltest: Eine private Haftpflichtversicherung (falls Du einem Dritten Schaden zufügst) und eine Berufsunfähigkeitsversicherung, die einspringt, wenn Du zum Beispiel durch eine Krankheit oder einen Unfall Deinen Beruf nicht mehr ausüben kannst. Da Dein Arbeitskommen wahrscheinlich in Deinem Leben Deine wichtigste Einkommensquelle ist, solltest Du Deine Arbeitskraft schon in jungen und noch gesunden Jahren absichern. Diese Versicherung ist noch einigermassen günstig zu haben, wenn Du sie zum Beispiel am Ende der Ausbildung oder des Studiums abschliesst, und kostet umso mehr, je länger Du wartest und je besser Du im Arbeitsleben verdienst. Daher ist es durchaus rational, diese Versicherung noch in der Ausbildung oder im Studium abzuschliessen, Du bist dann Dein ganzes Arbeitsleben lang geschützt und die Beiträge sind verkraftbar.

Bei der Unfallversicherung solltest Du darauf achten, dass sie auch Freizeit- und Haushaltsunfälle abdeckt. Die meisten Unfälle passieren, wie wir gesehen haben, im Haushalt, und wenn die Unfallversicherung eben diese ausschliesst, nützt sie Dir im Schadenfall nicht. Wer ein Auto fährt, braucht natürlich eine Kfz-Haftpflichtversicherung. Wer ein Haus hat, muss die entsprechenden Hausversicherungen abschliessen.

Ein paar weitere Versicherungen sind für mich überlegenswert und hängen von Deiner Situation ab: Eine Wohnungshaftpflichtversicherung zum Beispiel – die Waschmaschine kann jederzeit auslaufen und nicht nur Deinen Fussboden, sondern auch die Decke und Wände des Mieters unter Dir einnässen, der Schaden kann dann immens sein und die eigenen finanziellen Ressourcen übersteigen. Manchen erscheint in einer immer stärker verrechtlichten Welt auch eine Rechtsschutzversicherung ratsam. Wer viel ins Ausland reist, findet vielleicht eine Reise- mit Auslandsreiseversicherung interessant, besonders um das Krankenkostenrisiko im Ausland auszuschliessen.

Versicherungen gegen überschaubare Risiken oder überschaubare Schadenssummen halte ich persönlich für nicht besonders sinnvoll, da spare ich mir die Versicherungsprämie und zahle den Schaden (der meist nicht eintritt) dann eben selbst. Das gilt für mich für Glasversicherungen, für Computer – und Handyversicherungen oder für manche Spielarten der Reiseversicherungen. Die Liste liesse sich leicht fortsetzen.

Es macht Sinn, sich zum Zeitpunkt, an dem Du von den Eltern auszieht und Dich auf eigene Beine stellst, mit den dann notwendigen Versicherungen zu beschäftigen und sie zügig abzuschliessen. Auf alle Fälle Kosten und Konditionen vergleichen! Günstiger ist nicht immer besser. Du kannst Dich bei der Verbraucherzentrale beraten oder Dich zumindest von dem kurzen und prägnanten Faltblatt der Verbraucherzentralen zu den Versicherungen für junge Menschen leiten lassen, das auch auf dem Internet verfügbar ist.[6]

Du kannst auch zu einem unabhängigen Versicherungsfachmann oder Fachfrau gehen. Die bezahlst Du zwar selbst, aber diese Beratung ist unabhängig von einem bestimmten Unternehmen und durchaus sinnvoll, wenn Du verschiedene Anbieter miteinander vergleichen willst. Die Berater eines Unternehmens beraten Dich zwar kostenlos, aber nur zu den eigenen Produkten des Unternehmens.

Wenn Du Gründerin bist, Dich selbständig machen oder freiberuflich tätig sein willst, musst Du neben der Absicherung Deiner persönlichen Risiken auch die Absicherung unternehmerischer und betrieblicher Risiken im Blick haben. Hier empfehle ich Dir ohnehin eine Beratung.

---

[6]Verbraucherzentrale. *„Gut versichert"*. Faltblatt für junge Menschen.
https://www.verbraucherzentrale.de/sites/default/files/2020-01/Infopapier%20Gut_versichert_Infomaterial_fuer_junge_Menschen.pdf

Soziale Sicherheit und Absicherung grosser Risiken ist ein wichtiges Gut, das dem Leben einen Schutz vor Gefahren und Lebensrisiken, ein wenig finanzielle Geborgenheit im Ernstfall und im Alltag „Peace of mind" gibt. Deshalb: Grosse Risiken immer absichern, bei kleinen überlegen, ob Du diese Risiken nicht auch selbst tragen (und damit die jährliche Versicherungsprämie sparen) kannst. Die Abrechnungsbürokratie im Schadensfall ist nicht ohne Aufwand, und für kleine Risiken lohnt sie sich sowieso nicht.

Selbstcoachingfragen
- Welche finanziellen Ressourcen habe ich? Wie weit reichen sie? Bin ich liquide?
- Welche finanzielle Bildung habe ich, um meine Finanzen zu verwalten?
- Was kann ich schon? Wie habe ich das gemacht?
- Will ich meine finanzielle Basis verbessern? Was will ich dazu lernen? Wer kann mir dabei helfen?
- Was ist mein finanzielles Ziel – in einem Jahr, in zehn Jahren, in 50 Jahren?
- Kann ich finanziell zu jedem Zeitpunkt meines Erwachsenenlebens auf eigenen Beinen stehen – jetzt, in zehn Jahren, in 50 Jahren?
- Was tue ich, damit ich auch im Alter finanziell abgesichert bin? Wann habe ich damit angefangen?
- Was ist mein nächster kleinster Schritt in Richtung finanzieller Autonomie im Erwachsenenleben und finanzieller Absicherung im Alter? Was kann ich schon heute dafür tun?

Zufriedenheit

Glück ist ein spontanes Ereignis, das vom Himmel fällt, aber Zufriedenheit und innerer Friede sind ein Zustand, der sich mit eigenem Einsatz erreichen lässt. „Was immer Du tust, tue es mit ganzem Herzen", gab schon der chinesische Weise Konfuzius als Rezept. Sei aktiv, gib Dein Bestes, Du machst einen Unterschied in Deiner Umgebung und in dieser Welt. Gönne Dir etwas, Du bist die Königin in Deinem Leben. Verabschiede Dich von der Perfektion und wende die 80:20-Regel an. Durch tägliche Disziplin kannst Du grosse Ziele erreichen, denn alles, was Du täglich tust, hat das Potential, Dein Leben zu verändern, also bleibe dran. Allerdings sind in manchen Situationen Loslassen, Seinlassen und Akzeptanz die besseren und kraftvolleren Helfer. Lass Dich nicht von Ängsten lähmen, fürchte Dich nicht, tue, was recht und richtig ist und gehe dann zusammen mit Deiner Angst in die Welt hinaus. Und wenn Du einmal hinfällst: Aufstehen, Krone richten, weitergehen.

6.1 Gib immer Dein Bestes

Das Leben ist spannend, und je mehr Du mitmachst, je aktiver Du Dich einbringst, desto interessanter wird es. Also stehe nicht am Rand des Spielfeldes und schaue den anderen beim Spielen zu, sondern hebe den Ball auf, laufe los mit ihm und spiele mit! Während Du spielst, renne, so schnell Du kannst, wirf den Ball so gezielt Du kannst, mische mit im Spiel, so gut Du es gerade kannst. Sei voll dabei, mit Haut und Haaren und mit all Deinen Gedanken. „Was immer Du tust, tue es mit ganzem Herzen", sagte schon der chinesische Weise Konfuzius. Sei im Hier und Jetzt, mach' es ganz.

Manchmal mischte ich nicht mit, wenn ein Spiel lief und blieb Zuschauerin. Ich muss gestehen, dass das zunächst recht bequem war, es lässt sich vom Sofa aus auch herrlich

T. Emmerling, *Es ist Zeit, nimm Dir Deine Hälfte der Welt!*, https://doi.org/10.1007/978-3-658-49991-4_6

kritisieren. Aber ich wurde immer schnell müde dabei, fand es bald langweilig, es war wie Zuckerwatte essen, ich fühlte mich hinterher nicht befriedigt. Richtig Spass hatte ich erst, wenn ich mich einbrachte, mitspielte und so Teil des Ganzen war. Da musste ich flexibel bleiben, Situationen und Chancen erkennen, lernen, meinen Weg zu finden. Müde war ich abends sowieso, egal, ob ich am Tag aktiv gewesen war oder auf der faulen Haut gelegen hatte. Da war es viel interessanter, sich anzustrengen, gleich mitzuspielen und vom Spiel müde zu sein statt vom Zuschauen.

Dies ist ein Plädoyer für Anstrengung. „Ohne Fleiss, kein Preis", eine weitere Binsenweisheit meiner Oma, und „Von nichts kommt nichts". Anstrengung ist der Schlüssel zum persönlichen Wachstum. Wir müssen uns aus unserer Komfortzone herausholen, Grenzen ausloten, Schwierigkeiten meistern. Das braucht Energie, anzufangen und anschliessend Ausdauer, Disziplin und Durchhaltevermögen. Dies alles steckt in uns, wir müssen es herauskitzeln. Jede Schwierigkeit, die wir überwinden, stärkt uns auf unserem Weg. Es ist übrigens viel einfacher, die Lokomotive jeden Tag am Laufen zu halten, als sie alle drei Wochen neu zu starten. Also gewöhne Dir einfach an, jeden Tag Dein Bestes zu geben.

Gib immer Dein Bestes heisst auch, sich auf den Weg zu konzentrieren, nicht nur auf das Ziel. Der Weg ist so wichtig wie das Ziel. Die Freude, ein Ziel erreicht zu haben, ist kurz und währt nicht lange, ausserdem bekommt jedes erreichte Ziel augenblicklich Kinder, denen wir dann ebenso hinterherhecheln. Wenn Du auch Freude am Weg hast, dann geniesst Du die Anstrengung, die Aussicht, Deine Mitwanderer, das Vesperbrot und bist glücklich unterwegs.

Du musst also losziehen. Nur wer sich auf den Weg macht, sieht das Meer und die Berge, den Wald und das Feld. Wer sich nicht aufmacht, wird auch nicht weit kommen. Es gibt kein richtig oder falsch, was Du auf diesem Weg siehst und erlebst, die Erfüllung kommt mit jedem Schritt, wenn Du Dein Bestes gibst.

Ich sage hier bewusst nur: Gib immer Deines Bestes. Und nicht: Sei perfekt. Fehler machen wir alle. Sie sind übrigens eine der besten Lernmethoden. Die meisten von uns – einschliesslich mir – lernen durch Fehler. Es ist nicht schlimm, Fehler zu machen, aber es ist wichtig, dass wir aus Fehlern lernen und sie nicht wiederholen.

Gib immer Dein Bestes heisst auch, dies Beste im gegebenen Zeitrahmen mit den „Bordmitteln" zu geben. Wenn Du mit dem Segelboot auf dem Meer unterwegs bist und der Wind zerreisst Dir die Segel, dann musst Du sie mit dem Flickzeug reparieren, das Du unten in der Kajüte dabei hast. Ein anderes gibt's nicht. Schönheit ist dann zweitrangig, Hauptsache, die Naht hält, und sie muss halten, bevor der nächste Sturm kommt. Also nutze die windstille Zeit und nähe so gut und fest wie Du dies bei Wellengang kannst.

Manchmal ist unser Bestes nicht gut genug. Das gibt es auch. Dann gilt es, diese Enttäuschung zu verarbeiten und daraus zu lernen: Hatte ich alles mir Mögliche getan zur Vorbereitung oder war ich schludrig, habe ich mich auf meine „Bordmittel" verlassen, wo ich gutes Werkzeug hätte einpacken können im Hafen? Wo hat es gehakt? Was muss ich noch lernen? Was kann ich das nächste Mal besser machen? Oder hängt etwa das Ziel zu hoch und ist unrealistisch? Vielleicht haben wir ja doch nicht das Zeug zur Bundeskanzlerin? Dann aber vielleicht zur Abgeordneten? Ist ja auch nicht schlecht.

Es ist wichtig, dass wir nicht jemand anderes sein wollen, sondern dass wir uns mit all unseren Möglichkeiten und Grenzen erkennen und annehmen, wer und wie wir sind und daraus jeden Tag das Beste machen. Dann sind wir authentisch und glaubhaft, dann wird vieles auf uns zukommen, von dem wir nicht einmal geträumt haben.

Wenn Du Dein Bestes gibst, machst Du immer einen Unterschied. Ein eklatantes Beispiel hat sich mir ins Gedächtnis eingraviert. Als junge Beamtin nahm ich an einem Gruppen-Planspiel zu einer Verhandlung über einen Gesetzesentwurf teil. Wir bekamen sieben strittige Punkte, und die Aufgabe war, in einer Diskussion von zwei Stunden diese sieben Punkte auf drei zu reduzieren. Wir wurden in zwei Gruppen eingeteilt, eine französischsprachige und eine englischsprachige. Interessanterweise erarbeiteten die beiden Gruppen völlig unterschiedliche Ergebnisse, obwohl sie genau dieselbe Aufgabe mit denselben strittigen Punkten bekommen hatten. Aber es waren andere Persönlichkeiten und Charaktere, die mit unterschiedlichem Einsatz diese Punkte verteidigten und durchboxten – oder auch nicht.

Dies ist für mich ein Paradebeispiel dafür, dass es auf den einzelnen Menschen ankommt, und dass der oder die Einzelne viel bewirken kann, wenn sie sich in einer Situation im Rahmen ihrer Möglichkeiten voll einsetzt. Ich habe ähnliche Planspiele später mit Studenten gespielt und jede Gruppe kam zu anderen Ergebnissen. Das bedeutet: Verhandlungen kommen nicht zu statischen Ergebnissen, sondern sind ein Produkt der Menschen, die bestimmte Positionen vertreten. Sei aktiv, gib Dein Bestes, Du machst einen Unterschied in Deiner Umgebung und in dieser Welt!

6.2   Behandle Dich wie eine Königin

Als meine Tochter klein war, hat sie sich immer als Königin mit einer Krone gemalt. Die fehlte nie auf ihrem Kopf. Und weisst Du was? Ich finde, wir sollten uns auch weiterhin immer vorstellen, wir hätten eine Krone auf dem Kopf sitzen. Dann stehen und sitzen wir gerade, die Krone könnte ja sonst herunterfallen, dann senken wir nicht den Blick, sondern schauen geradeaus, dann überträgt sich allein unsere physische Haltung in unser Bewusstsein: Wir sind eine Königin, und zumindest wir selbst behandeln uns dann auch so.

Finde also Deine innere Königin und gestalte Dein Leben als Dein Königreich. Du bist die Herrscherin über Deinen Alltag, Dein Zuhause ist Dein Palast. Selbstfürsorge und tägliche Rituale, das Setzen von Grenzen und Nein sagen lernen, in sich selbst investieren und die Freuden des Lebens geniessen, sich etwas gönnen können, Freundlichkeit, Stärke und Dankbarkeit, sein inneres Königreich schützen und pflegen und ausgestalten, das alles gehört dazu.

Mein Königreich beginnt morgens mit dem Gesicht, wenn ich mir den Schlaf aus den Augen wasche und die Charakterfältchen begutachte. Es erstreckt sich über die Haare (müssen sitzen!) und die Zähne bis zur Kleidung. Eine Königin trägt ihre Lieblingskleidung, selbst wenn sie nur zu Hause ist und einen Telearbeitstag hat. Kleider machen Königinnen, und wenn wir uns in ihnen wohl fühlen, bewegen wir uns automatisch selbstbewusster.

Eine Königin nimmt sich Zeit für ihr Morgenritual, sei es eine ruhige Tasse Kaffee oder Tee, sei es ein Yoga- oder Gymnastikprogramm. Getrunken und gegessen wird am Tisch mit schönem Geschirr und Besteck, nicht aus dem Pappkarton und zwischendurch mit Gekleckere.

Zu Beginn unserer Ehe, als wir noch zwei arme Kirchenmäuse waren, hat mein Mann uns ein wunderschönes, sündhaft teures Silberbesteck und ausgefallene Gläser gekauft. Ich fand das damals völlig überflüssig, das Besteck und die Gläser aus dem schwedischen Möbelhaus hätten es auch getan. Mittlerweile gebe ich ihm Recht: Was haben wir uns schon über unser schönes Porzellan und die Gedecke gefreut, und das jeden Tag! Ich selbst gönne mir seit Jahren frische Pflanzen auf dem Esszimmer- oder dem Schreibtisch, sei es ein Strauss Schnittblumen, seien es abgeschnittene Zweige aus dem Garten oder ein selbst gepflückter Wiesenstrauss, etwas Lebendiges muss sein.

Eine Königin ist Herrscherin über ihren Alltag und gibt den Menschen und den Dingen die Zeit, die sie brauchen. Sie hetzt nicht von Termin zu Termin, sondern plant ihre Zeit bewusst. Eine Königin ist achtsam, mit sich selbst und mit anderen. Wenn etwas nicht passt, setzt sie klare Grenzen und sagt „Nein". Sie delegiert, was sie delegieren kann. Was sie tut, tut sie ganz, ohne Ablenkung, ohne Kompromisse. Eine Königin vergleicht sich nicht, sie misst ihren Wert nicht an anderen, sondern an sich selbst.

Eine Königin verwöhnt sich selbst: Ein mittäglicher Powernap, ein Spaziergang in der Sonne durch den Rosengarten, eine königliche Gesichtsmaske (wenn die anderen nicht zuschauen), ihre Lieblingsmusik, regelmässig ihren Friseur, eine Wunschreise.

Ihr Zuhause und besonders ihr Zimmer sind ihr Palast. Dort ist es hell und aufgeräumt und nach ihrem Geschmack dekoriert. Ein besonderer Platz ist das Bett. Weil sie viel Zeit darin verbringt, ist die Matratze genau richtig für ihren Rücken (schon als Prinzessin spürte sie ja die Erbse unter der x-ten Matratze), das Bettzeug leicht und warm, sind die Laken jede Woche frisch. Ausserdem hat sie ein Abendritual, wie ein warmes Bad, eine Wärmflasche im Bett, einen Seidenpyjama oder die Konversation über den gelebten Tag mit ihrem Stofftier, das ihr den Weg in die Träume ebnet.

Eine Königin fühlt sich wohl in ihrem Körper. Dazu gehört tägliche Bewegung. Bei meiner Tochter ist das Yoga, bei mir Schwimmen, bei Dir vielleicht Joggen. Stärke auch Deine innere Königin. Lies anregende Bücher, notiere, was Du an einem Tag Positives erleben durftest und sei dankbar dafür, setze Dir Ziele und gib so jedem Tag seinen Sinn.

Eine Königin hat keine Selbstzweifel, sie ist wer sie ist, klug, gütig und gepflegt. Falls doch einmal Selbstzweifel auftauchen sollten, holt sie ihre Schatzkiste heraus, um sie zu vertreiben: Eine Sammlung anerkennender Briefe und wertschätzender E-Mails, aufbauender Schriftwechsel oder Schreiben voller Beifall, Lob und Bewunderung. Die liest sie dann. Ausserdem blättert sie in ihrem Album mit schönen Bildern, die zu ihr sprechen, und die ihre Seele streicheln. Banal, aber hilfreich.

Es sind alles Ideen und Vorschläge für Selbstliebe und Selbstfürsorge, die ich hier oben aufgeschrieben habe. Es ist nur eine kleine Auswahl, Du weisst selbst, was an

Selbstfürsorgeritualen am besten zu Dir passt. Du musst schon auf Dich achtgeben und Deinen Königinnengarten pflegen, das tut keiner so trefflich wie Du selbst. Du bist die Königin in Deinem Königreich. Trau Dich, Dein Leben nach Deinen eigenen Regeln zu gestalten und zu leben. Und gönne Dir selbst etwas.

6.3   Nobody is perfect: Die 80:20-Regel

Wir wollen alles gut machen, so perfekt, wie die Hochglanzillustrierten oder die Ratgeberbücher für dies und das uns vorgaukeln: Die perfekte Mutter und perfekte Vollzeitarbeitsfrau stellt am Weihnachtsabend die perfekt verpackten Geschenke unter den perfekt geschmückten Weihnachtsbaum, diese werden dann nach der perfekten Weihnachtsgans am perfekt gedeckten Weihnachtstisch unter perfektem weihnachtlichem Klavierspiel von perfekten Kindern geöffnet, und der perfekte Ehemann hat in der perfekten Ehe perfekt daran mitgewirkt, dass dieses Hochfest so perfekt gefeiert werden kann. Bilderbuch. Knisternder Weihnachtsbaum mit echten Kerzen, Familienkuscheln auf der Couch, freudige Kinder, lächelnde Eltern. Die Wochen davor waren perfekte Plätzchen gebacken worden, die perfekten Adventskalender gebastelt und befüllt worden, und die perfekten Weihnachtsfeiern mit Kollegen organisiert.

Leider ist das Leben nicht perfekt, sondern im besten Fall immer so gut, wie es gerade geht. Ich kann Dir daher nur raten, Dich so frühzeitig wie möglich von der Perfektion zu verabschieden. Perfektion ist schön, aber auf die Dauer nicht durchhaltbar, daher begnüge Dich mit dem Besten, das Du gerade tun kannst. Das lässt sich über die 80:20-Regel erreichen.

Diese Regel, die in vielen Effizienzbüchern beschrieben wird und von dem italienischen Ökonomen Vilfredo Pareto entwickelt wurde, besagt, dass Du mit 20 % Deiner eingesetzten Energie bereits 80 % des gewünschten Ergebnisses erzielen kannst. Eigentlich eine sehr gute Ausbeute zwischen Einsatz und Ertrag! Die restlichen 20 % des Ergebnisses – also die Strecke zwischen gut und perfekt – würden aber 80 % Deiner Energie verbrauchen, viermal so viel, wie Du bereits eingesetzt hast – und das ist komplett unökonomisch.

Daher: Setze nicht auf perfekt, vergiss es einfach, dass es perfekt überhaupt gibt, und konzentriere Dich lieber darauf, mit den 20 % an Energie, die Du für eine Sache einsetzt, das Maximum an Ertrag zu erzielen. Du legst den Fokus auf wenige Dinge, die den grössten Unterschied machen und konzentrierst Dich damit auf die wichtigsten Aufgaben. Das ist sehr effizient.

Noch als Studentin hatte ich den Hang zum Perfektionismus, mit Kindern musste ich diesen aber rasch aufgeben, weil es anders nicht mehr ging. Die 80:20-Regel lässt sich auch anders herum einsetzen: Nach einer schweren Krankheit beschloss ich schweren Herzens, nicht mehr 100 oder 120 % zu geben, sondern nur noch 80 %. Die restlichen 20 % meiner Energie behielt ich für mich, steckte sie in meine körperliche, mentale und seelische Gesundheit. Und weisst Du was? Keiner hat's gemerkt, dass ich nicht alles gegeben hatte, sondern nur auf 80 % gelaufen bin. Nur ich hab's gemerkt. Ich habe aber nichts gesagt.

Nachdem das mit der 80:20-Regel so gut geklappt hatte, habe ich im Laufe der Jahre die 70:30-Regel entwickelt und angewendet. Gib den anderen (Kinder, Partner, Arbeit) das Beste von 70 %, was Du hast. Die anderen 30 % stecke in Deine Regeneration. Und Überraschung: Es hat funktioniert, keiner hat's gemerkt. Allerdings nur deshalb, weil ich mit den Jahren Erfahrung angesammelt hatte, von der ich zeitbewusst zehren konnte und mich nicht mehr ständig neu erfinden musste.

Ausserdem wende ich in den 70 % die Covey-Matrix an. Die von dem US-amerikanischen Bestsellerautor Stephen R. Covey entwickelte Matrix[1] hilft, Aufgaben nach Dringlichkeit und Wichtigkeit zu ordnen: Ich sortiere zunächst Aufgaben nach wichtig/unwichtig und dringend/nicht dringend und beginne mit der, die wichtig *und* dringend ist, weil sonst eine Krise hereinbricht. Als nächstes wende ich mich den Aufgaben zu, die wichtig und nicht dringend sind, also Planung, Strategie, Beziehungspflege, Weiterbildung. Bei Aufgaben, die nicht wichtig, aber dringend sind, z. B. Meetings, Anfragen, Unterbrechungen jeder Art – also die echten Zeitfresser – prüfe ich, ob ich sie nicht delegieren kann. Aufgaben, die nicht wichtig und nicht dringend sind vergammeln im Eingangskörbchen, das ich alle paar Wochen auskehre.

Ich wage daher zu behaupten, dass sich meine 70:30-Regel in jungen Jahren nicht so einfach anwenden lässt, ohne dass dies den anderen auffällt. Aber mit 80:20 kommst Du ziemlich gut über die Runden. Und wenn Du dabei einmal etwas übersiehst? Nicht so schlimm. Nobody is perfect. Alles, was wirklich wichtig ist, kommt ohnehin wieder – übrigens auch unbeantwortete E-Mails, wenn sie wirklich wichtig sind.

6.4   Suchet und ihr werdet finden: Gib jeder Handlung einen Sinn

„Suchet und ihr werdet finden, klopfet an, und es wird euch aufgetan." Ich bin zwar keine Bibelleserin, aber diesen Spruch finde ich gut. Was er uns zunächst sagt: Du musst Dich aufmachen, Du musst Dich auf den Weg machen, wenn Du ein Ziel erreichen willst. Auf dem Sofa findest Du nichts. Du musst also aktiv werden und suchen, was zu Dir passt. Das Suchen ist die eine Seite.

Die andere Seite ist das Finden. Wie findest Du aus den Tausenden von grossen und kleinen, grauen oder weissen Kieselsteinen am Strand genau den heraus, der zu Dir passt? Das geht nur, wenn Du ein Bild im Kopf hast von dem, was Du suchst. Je genauer dieses Bild ist, und je besser dieses Bild in Deinen Zusammenhang passt, desto rascher und leichter wirst Du fündig. Dieser Zusammenhang – der Sinn, den Du einer Handlung gibst – ist der dritte wichtige Punkt.

---

[1] Covey S.R. (1989). *The Seven Habits of Highly Effective People.*

Auf deutsch: *Die sieben Wege zur Effektivität. Prinzipien für persönlichen und beruflichen Erfolg.* Gabal, Offenbach 2005.

Stell Dir also zum Beispiel vor, Du bist im Urlaub am Strand und möchtest Dir als Erinnerung an diesen Urlaub für Deinen Spiegel zu Hause einen Bilderrahmen aus Gips basteln, in den Du Strandkieselsteine drückst, ein Kieselsteinmosaik sozusagen. Weil in Deinem Zimmer gelb und weiss vorherrschen, entscheidest Du Dich, dass Du weisse und gelbliche Kieselsteine in vorwiegend kleineren Grössen suchst. Damit der Rahmen nicht zu schwer wird, hältst Du vielleicht Ausschau nach besonders leichten Kieselsteinen, und Du hast auch gleich eine Idee, dass Du nicht fünf Taschen voller Kieselsteine brauchst, sondern dass wohl eine reichen könnte.

Wenn Du nun an den Strand gehst, stehst Du zwar immer noch einer unendlichen Masse unterschiedlichster Kieselsteine gegenüber, aber Du weisst schon, was Du willst und worauf Du Deine Aufmerksamkeit richtest: auf kleine, leichte, weisse oder gelbe Kieselsteine. Du konzentrierst Dich jetzt darauf, nur kleine, leichte, weisse oder gelbe Kieselsteine zu finden – und Du wirst überrascht sein, wie schnell Du sie zusammen hast. Sie werden Dir regelrecht ins Auge springen, denn Du richtest Deine Aufmerksamkeit nur darauf. Ein kleiner Plan, wie Du systematisch den Strand nach den Kieselsteinen absuchst, hilft auch dabei, dann braucht frau nicht doppelt zu gehen.

Das Finden wird also bestimmt von dem, was wir suchen, und worauf wir unsere Aufmerksamkeit richten. Wenn Du weisst, was Du suchst, findet es sich (fast) von allein. Alles, was dann nicht klein, weiss oder gelblich ist, siehst Du vielleicht nicht einmal, denn es ist im Moment nicht wichtig für Dich und auch nicht wichtig für den Bilderrahmen.

Das Projekt „Bilderrahmen" gibt Deiner Aktivität und jedem kleinen Steinchen, das Du aufsammelst und in den Gips drückst, einen Sinn. Somit wird jeder Kieselstein Teil eines grösseren Ganzen, das für Dich und Dein Leben in diesem Augenblick Wichtigkeit hat. Jede einzelne Handlung, jeder einzelne Kieselstein, ist also eingebettet in etwas, das grösser ist als er.

Den Sinn kannst nur Du Deinen Aktivitäten geben, und je besser Dir das gelingt, desto leichter und öfter wirst Du Dich auf die Suche machen. Du wirst das Zutrauen in Dich entwickeln, dass Du schon findest, was Du suchst.

Du solltest ein Ziel möglichst als Bild vor Augen haben, solltest dieses genau definieren (was suche ich?), dann aktiv werden, Dich auf die Socken machen, und Deine Aufmerksamkeit auf die Elemente richten, die Du suchst. Sie springen Dir dann schon von selbst ins Auge, sofern Du am richtigen Strand suchst – also vielleicht eher nicht im Dschungel suchen, da dauert es sehr viel länger mit dem Kieselstein-Finden, da ist auch zu viel Wurzelwerk. Besonders zufrieden ist dann diejenige, die dieser Suche noch ihren Sinn geben kann (wozu suche ich Kieselsteine?).

Die Fokussierung der Aufmerksamkeit kann erstaunliche Blüten treiben. Es gibt einen eindrücklichen psychologischen Test zur Wahrnehmung, 1999 entwickelt von Daniel Simons und Christopher Chabris. Der Test heisst „Der unsichtbare Gorilla", Du kannst ihn selbst in zwei Minuten auf Youtube ausprobieren.[2] In dem kleinen Film müssen eine weiss gekleidete und eine schwarz gekleidete Mannschaft sich möglichst oft den Ball zuwerfen,

---

[2] https://youtu.be/9hV8-tEka4E?feature=shared

Du als Zuschauerin hast die Aufgabe, die Pässe der Spieler im weissen T-Shirt zu zählen. Bravo, wenn Du Dich konzentrierst, zählst und die richtige Anzahl schaffst. Aber hast Du auch den schwarzen Gorilla bemerkt, der während dieser Zeit durchs Bild gelaufen ist?

Viele – einschliesslich mir, als ich zum ersten Mal diesen Test machte – sind so konzentriert, dass sie den schwarzen Gorilla nicht sehen! Was sagt uns das? Ja, wir waren hochkonzentriert und fokussiert, haben fleissig gezählt und unser Zählziel erreicht. Doch der Gorilla ist uns völlig unbemerkt durch die Lappen gegangen. Dies besagt auch, dass es verschiedene Wahrnehmungen derselben Wirklichkeit gibt, und obwohl verschiedene Menschen dieselbe Situation sehen, müssen sie nicht dasselbe wahrnehmen. So können wir Chancen verpassen.

Mindestens ein Riesengorilla ist – von mir unbemerkt – durch mein Leben gezogen: Nach dem Studium verfügte ich über eine spezifische Qualifikation im Investment Banking, die nur sehr wenige meines Jahrgangs damals hatten. Ich hätte sie wunderbar versilbern können – wenn ich gesehen und begriffen hätte, auf welchem Schatz an Know How ich damals sass. Habe ich aber nicht. Ich war so fokussiert darauf, Journalistin zu werden, dass ich den Gorilla gar nicht wahrnahm. Erst ein paar Jahre später erschlich mich eine Ahnung, was ich da versäumt hatte. Ziel erreicht, Chance verpasst.

Ich bereue das nicht wirklich. Es war für mich immer wichtig, mir Ziele im Leben zu setzen. Die mussten dann kleingehackt und alltagstauglich gemacht werden, damit ich sie über viele einzelne Tage und kleine Schritte erreichen konnte, und ich musste mich auf sie fokussieren. Ich habe viele meiner Ziele realisiert, auch wenn ich gegenüber dem Gorilla betriebsblind war. Aber ich habe schöne Kieselsteinstrandbilder in meinem Badezimmer hängen, jede Handlung hatte ihren Sinn, und der Gorilla hätte womöglich gar nicht zu mir gepasst.

6.5   Durch Mangel an kleiner Selbstbeherrschung bröckelt die Fähigkeit zur grossen ab

Dieses Zitat stammt nicht von mir, sondern von Nietzsche. Meine Schulfreundin hatte es irgendwann auf die Innenseite ihres Aktendeckels geschrieben, und es sprang mich an. Dies ist eines der Zitate, die mich ein Leben lang begleitet haben, vor allem in der Zeit, als ich jung war und das Leben aufwärts lebte. Selbst heute noch hilft es mir, grosse Projekte anzugehen und zu verwirklichen – zum Beispiel dieses Buch zu schreiben – und dabei den Mut nicht zu verlieren.

Dieses Zitat von Friedrich Wilhelm Nietzsche geht genau genommen wie folgt: „Nötigste Gymnastik – Durch den Mangel an kleiner Selbstbeherrschung bröckelt die Fähigkeit zur grossen ab. Jeder Tag ist schlecht benutzt und eine Gefahr für den nächsten, an dem man nicht wenigstens einmal sich etwas im kleinen versagt hat: diese Gymnastik ist unentbehrlich, wenn man sich die Freude, sein eigener Herr zu sein, erhalten will."

Hier steht also erst mal: Verzichte täglich auf etwas Kleines, damit beweist Du Dir, dass Du Frau über Dich selbst bist. Na, diesen Teil mit dem Verzicht habe ich nicht befolgt, nur den zweiten Teil, der auf das Tun ausgerichtet ist: Wenn Du ein grosses Projekt hast, musst

Du dranbleiben, und es jeden Tag mindestens einen Schritt vorantreiben. Es ist nicht so wichtig, wie klein oder gross dieser Schritt ist, die Richtung muss stimmen.

Meine Erfahrung ist: Alles, was Du täglich machst, hat das Potential, Dein Leben zu verändern über die Zeit. Es ist, wie einem Tanker eine neue Richtung geben: Du schlägst das Steuerrad nur um 1 Grad weiter, diese kleine Änderung merkt der Tanker kaum – aber nach einem Kilometer ist er schon an einer ganz anderen Stelle als wenn Du keine Richtungsänderung vorgenommen hättest. Du kannst dann auch gut weiter an der Scheibe drehen. Wichtig ist, dass Du für Veränderungen einen Platz in Deinem Alltag einrichtest, diese täglich tust und sie Dir zur Gewohnheit machst. Alles andere verliert sich leicht.

Das Abitur schaffen, ein Diplom an der Uni abschliessen, ein Haus bauen, die Welt verändern. Nichts fällt vom Himmel. Alles muss erarbeitet werden, und es braucht Disziplin, und zwar jeden Tag, um dran zu bleiben und seine Ziele zu verwirklichen. Pläne reichen nicht, reden reicht nicht, delegieren reicht nicht: Selbst anpacken und tun, jeden Tag, nur das bringt Dich mit Disziplin und manchmal auch Glück Deinem Ziel näher. Motivation ist Silber, Disziplin ist Gold.

Ich weiss, das Wort Disziplin klingt konservativ und altmodisch in einer Welt, in der Spiel, Spass und Erlebnis im Mittelpunkt stehen und das Lustprinzip vorherrscht. Aber auch wenn Disziplin nicht dem Zeitgeist entspricht, so hat sie sich für mein Leben als sehr erfolgreiche Begleiterin erwiesen und mich jeden Tag einen Schritt weiter in mein Leben eskortiert. Das tut sie noch heute, und ich kann Dir nur empfehlen, Dich mit Frau Disziplin anzufreunden, wenn Du Meisterin Deines Lebens werden willst.

Wie also am besten anfangen mit der Disziplin? Es gibt dazu nichts Virtuoseres als die Rede des US Navy Admiral William H. McRaven am 17.5.2014 vor der Abschlussklasse der Universität Texas in Austin: „If you wanna change the world, start off by making your bed."[3] Die Kernbotschaft ist denkbar einfach: Das Bettenmachen ist die erste morgendliche Tätigkeit, eine kleine, machbare Aufgabe. Gewöhne Dir an, sie gut zu tun, damit hast Du schon die erste Erfolgshandlung des Tages vollbracht, Du siehst das Ergebnis sofort und bist ein bisschen stolz. Damit machst Du Dich an die zweite Aufgabe und erledigst sie ebenso, und dann weiter im Tag mit allen Handlungen, die nötig sind, um Dich Deinem Ziel – letztlich die Welt zu verändern – näherzubringen.

Ich bin kein Fan von US-amerikanischem Militär, aber diese Rede halte ich für aussergewöhnlich, weil sie amüsant die grossen Ziele mit den ganz kleinen Tätigkeiten des Alltags verknüpft. Ich höre sie mir auch heute immer wieder einmal an, wenn mein Eifer erlahmen will, und ich mein Durchhaltevermögen aufpeppen muss. Die Rede ging damals sofort viral, da hat er gleich das Buch dazu nachgeliefert: „Make your bed – Little things that can change your life...and maybe the world". Es wurde ein New York Times Bestseller.

Der Disziplinmuskel lässt sich trainieren. Wer eine bestimmte Handlung jeden Tag tut, braucht nicht mehr mit sich selbst zu diskutieren, ob sie heute gemacht werden soll oder nicht. Die Aufgabe ist da und wird gemacht. Ende. Dazu sollte sie nicht zu lang sein. Ich

---

[3] https://youtu.be/b-Pn0yXL9y8?feature=shared

finde zum Beispiel das Sprachen lernen mit einer App in ganz kleinen Happen jeden Morgen wunderbar, die sieben oder acht Minuten, meinen „Streak" weiterzuspinnen, finde ich immer.

Manchmal kann es auch helfen, bestimmte Dinge mit einem Partner oder einer Partnerin anzugehen, die uns moralisch zur Verantwortung ziehen kann, wenn wir nicht weitermachen. Manche Dinge – wie Sport zum Beispiel – mache ich gern gleich morgens, dann sind sie weg und erledigt für den Tag, und bauen sich vor meinem inneren Auge nicht bis zum Abend auf wie Berge, die ich dann aus Müdigkeit nicht mehr erklimmen kann oder will. Ausserdem gilt: Alles, was Du an kleinen Tätigkeiten in fünf Minuten erledigen kannst, mache sofort, schreibe diese Tätigkeiten nicht einmal auf Deine To-do-Liste, denn die kann uns erschlagen, wenn sie zu lang wird und zu viel Irrelevantes enthält, das uns unserem Ziel nicht näher bringt.

Und wenn's trotzdem nicht immer gelingt mit der Disziplin? Hab Erbarmen mit Dir. Morgen ist auch noch ein Tag. Neu anfangen kannst Du nicht nur am 1. Januar, sondern an jedem Tag. Denn jeder neue Tag ist wie eine kleine Geburt, und Du kannst wieder von vorne anfangen. Wichtig ist, dass Du an Deinen Plänen dran bleibst und Dich auch von Rückschlägen nicht entmutigen lässt.

6.6   Vom Loslassen können – Alles, was Du hast, ist nur geliehen

Der grösste Bruch in meinem Leben war der plötzliche Tod unseres Sohnes, als ich Anfang der Vierziger war. Ich will hier nicht von Trauer schreiben, Schmerz und Abschied, aber es ist ganz klar, dass es ein unschuldiges, festes und gefügtes Leben vor seinem Tod gab und, nachdem ich mein Schicksal akzeptiert hatte, ein viel verschwommeneres, unklareres, unsteteres Leben danach. Die Bruchlinie bildete dabei meine Sicht auf die Dinge und das Leben, meine Weltanschauung.

Seither weiss ich, dass nichts wirklich uns gehört im Leben, auch wenn wir das meinen, und dass uns alles jederzeit weggenommen werden kann, durch welchen Zufall auch immer. Geld kommt und geht, ein Haus kann die Flut wegspülen, der Sturm unseren Wald umnieten, das Meer entreisst uns unsere Marschwiese. Eine Liebe verglüht, eine Beziehung kann vergehen, Wasser verdunstet und ist plötzlich weg.

Wir glauben, Kinder seien ein Geschenk. Nein, sind sie nicht! Ein Geschenk ist etwas, das uns gehört, aber Kinder gehören nicht uns. Kinder sind nur eine Leihgabe an uns, die wir loslassen müssen und können, sobald sie fähig sind, ihr eigenes Leben zu leben.

Wir glauben, unsere Gesundheit gehört uns. Nein, sie gehört uns nicht! Wir können und müssen zwar sehr pfleglich mit ihr umgehen, denn sie ist unser höchstes Gut, aber wir können jederzeit mit Krebs diagnostiziert werden, wir können jederzeit auf der Strasse überfahren werden und querschnittsgelähmt sein, und schon hat sich alles gedreht, wird unser Leben, das eben noch hoffnungsfroh und voller Möglichkeiten war, kleiner und anders. Auch gute Gesundheit ist nur geliehen.

Wir glauben, unser Kopf und unser Denken gehören uns. Nein, sie gehören uns nicht, auch sie sind nur eine Leihgabe. Wir können Alzheimer bekommen und alles vergessen, was geschieht, sogar, wer wir sind. Wir können unsere komplette Identität verlieren. Auch unser Kopf gehört uns nicht, auch ein wacher Geist ist nur geliehen.

Nichts ist fest, alles kann ver-rückt werden. Das ganze Leben ist nur geliehen, und wir müssen bereit sein, es jeden Tag zurückzugeben.

Diese Klarsicht Anfang der Vierzig hat mein Leben auf den Kopf gestellt. Ich habe seither viel weniger, was mir Spass macht, nach hinten verschoben nach dem Motto „das mache ich später, wenn ich Zeit dazu habe". Denn ein „Später" kann ein „Nie" bedeuten. Vielleicht ist die Person nicht mehr da, ist die Liebe nicht mehr da, ist das Geld nicht mehr da, ist die Gesundheit nicht mehr da, wenn endlich das „Später" da ist. Alles, was wir haben, ist nur geliehen, und es kommt darauf an, im Jetzt und im Heute die gute Balance zu finden, das, was da ist, zu leben, mit allen Kräften und Möglichkeiten, die wir haben. Morgen kann es weg sein.

Deswegen müssen wir in unserem Leben lernen, loslassen zu können, was immer es ist. Nur wenn wir loslassen können, werden wir frei, das Neue zu sehen, das vor uns liegt. Das ist nicht leicht. Aber das Leben ist nicht leicht, auch wenn es zuweilen den Anschein hat. Das Leben ist schwer und zerbrechlich und alles ist vergänglich. Und wir können nur Schätze guter Momente in unseren Herzen sammeln, denn alles andere können ein anderer oder das Schicksal uns wegnehmen, und selbst den Herzensschatz kann Alzheimer auslöschen.

Deswegen: Lerne loszulassen, was Du nicht halten kannst und schaue dann wieder nach vorne. Akzeptiere und liebe, was ist. Lebe den Augenblick (aber bitte nicht die Tagesdisziplin vergessen – siehe vorheriges Kapitel). Sei Dir bewusst, dass nichts und niemand für immer Dein Eigentum ist. Alles, auch Dein eigenes Leben, ist nur geliehen auf Zeit. Nutze den Tag! Wenn Du jeden Tag einen kleinen Unterschied machen kannst für Dich, für die anderen, für die Gesellschaft, und sei er noch so klein, wenn Du jeden Tag etwas lernen kannst, wenn Du Dich jeden Tag über etwas freuen kannst, war er ein erfolgreicher Tag.

6.7 Fürchte Dich nicht!

Ein Geständnis zuerst: Dieses Kapitel schreibe ich für mich selbst, denn ich fürchte mich schon ein Leben lang. Vor dunklen Kellern, vor Spinnen, vor der Dunkelheit, vor fensterlosen Räumen, vor maskierten Einbrechern, und und und. Später kamen die Angst vor einem Vortrag vor Publikum dazu, die Angst mich zu blamieren, die Angst vor Neuem, die Angst vor Verlust, die Angst zu versagen und und und. Anstatt weniger, scheint die Angst mit den Jahren sogar mehr zu werden, dabei dachte ich immer, das Umgekehrte wäre der Fall, weil ich ja nun schon einen Teil des Lebens gelebt habe.

Vor zwei Jahren habe ich mir einen lang gehegten Traum verwirklicht und zu Fuss die Alpen überquert. Ich hatte Angst, sagte mir aber, Männer laufen allein wie selbstverständlich über die Alpen. Ich kann das also auch. Ein bisschen blauäugig war das schon. Auf jedem

Schritt hat mich eine Angst begleitet: Höhenangst, Absturzangst, Kuhangst, Wolfsangst, Gewitterangst, Verlaufangst, Räuberangst, Schleuser-im-Gebüsch-Angst. Hatte ich eine Angst in ihre Schranken verwiesen (z. B. der Kuh mit dem Wanderstock auf die Nase hauen, den Hund mit der Wasserflasche bespritzen, es wartet kein Räuber im Wald darauf, dass ich irgendwann mal vorbeikomme, frühzeitig losgehen, um am Nachmittag vor dem Gewitter schon bei der Hütte sein), wuchs sofort eine neue Angst nach. Die Angst war wie eine Hydra, schlug ich ihr einen Angstarm ab, wuchsen zwei neue nach. Die Angst löste sich erst auf, als ich wieder in meiner Komfortzone war, sprich sicher angekommen auf einer Hütte oder am Ende der Wanderung zu Hause.

Ich weiss nicht, woher die Angst kommt – im Moment glaube ich, es ist die Angst vor dem eigenen Tod. Die hat jeder und die lässt sich auch nicht weg definieren. Vor der schlimmsten Situation meines Lebens – dem Tod unseres Sohnes – hatte ich interessanterweise überhaupt keine Angst, einfach deswegen, weil ich diese Situation für nicht eintretbar hielt. Sie war überhaupt nicht auf meinem Radarschirm.

Aber die Angst vor etwas – was meistens nie eingetreten ist – hat doch stark bestimmt, was ich in meinem Leben tat und tue und was nicht. Insofern hat die Angst mein Leben eingeschränkt und schränkt es auch weiterhin ein (zum Beispiel nachts nicht allein durch den Park gehen, auch wenn dieser gerade wunderbar nach Lindenblüten duftet). Leider habe ich bisher kein wirklich erfolgreiches Rezept gefunden, angst- und furchtlos durch das Leben zu gehen, sondern nur ein paar Krücken, sie einzudämmen und abzuwehren, wenn sie in mir hochkriecht.

Hier ein paar Ideen: Keine Krimis und keine Horrorfilme anschauen, mein Alltagsleben ist aufregend genug. Mir klar werden, wovor genau ich gerade Angst habe und wie wahrscheinlich es ist, dass dieses Ereignis eintritt (meist ist es ziemlich unwahrscheinlich). Sehr risikoreiche Aktivitäten vermeiden (ich muss mit über 60 nicht mehr Fallschirmspringen lernen, auch wenn dies meine Lebensmöglichkeiten etwas einschränkt). Gute Prävention (wenn ich nicht rauche, brauche ich keine Angst davor zu haben, ein Raucherbein zu bekommen). Meine Komfortzone erweitern (Schwimmen lernen gegen die Angst vor dem Ertrinken, bessere IT Kenntnisse und regelmässige Backups helfen gegen die Angst vor dem Computerabsturz und dem Verlust der gesamten Masterarbeit). Ein Selbstverteidigungskurs hat meine Angst vor dunklen nächtlichen Strassen nicht ausradiert, aber sie gelindert, meine Trillerpfeife am Schlüsselbund stärkt mich. Überraschenderweise hilft gute und tiefe Bauchatmung gegen unbestimmte Akutangst.

Ich bin nicht gläubig, und es gibt in mir keinen Gott, der mit mir, neben mir, über mir durch dieses Leben geht, mir beisteht und mich stark macht. Wahrscheinlich ist gläubig sein gut gegen Angst. Interessanterweise hat mir aber der bekannte Bibelspruch „Fürchte Dich nicht!", diese Aufforderung, die Situation anzuschauen und furchtlos durch sie hindurchzugehen, häufig geholfen. Ich trage sie wie einen Schatz in mir und wiederhole mir dieses Mantra gebetsmühlenartig, wenn die Furcht hochsteigt, und ich durch eine schwierige Situation hindurch steuern muss: Fürchte Dich nicht!

Neulich habe ich in einige Podcasts von Spiegel-Coaching über die Angst hineingehört. Ein Ratschlag hat mich besonders angesprochen: Da wir alle Ängste haben und sie zu einem gewissen Grad akzeptieren und mit ihnen leben lernen müssen, soll es helfen, die Angst als Begleiterin zu akzeptieren und sich zu sagen: „Meine Angst und ich gehen jetzt durch diesen Park." – „Meine Angst und ich fahren nun U-Bahn." – „Weil es keinen anderen Weg gibt, wandern meine Angst und ich nun durch diesen feuchten, dunklen Tunnel, hinten leuchtet ja schon das Licht."

Es ist wichtig, dass wir mit unseren Ängsten umgehen lernen, um das Leben mit all seinen Möglichkeiten und seiner Fülle voll zu leben, und uns dabei frei und gelassen zu fühlen. Je mehr Platz wir unseren Ängsten überlassen, desto begrenzter wird unser Leben, da wir uns vieles nicht mehr zutrauen, es könnte ja dies oder das passieren. Statt sich negativen Gedanken und dem „Ich kann das nicht (mehr)" zu überlassen, kannst Du Dir denken: „Ich kann lernen, damit umzugehen".

Das Lebensmotto meiner Mutter ist: „Handle recht und fürchte niemand." Wenn Du das (Ge-)Rechte zur rechten Zeit tust, brauchst Du keine Angst zu haben. Du weisst, dass Du das Richtige und das Menschenmögliche getan hast, schläfst mit einem ruhigen Gewissen und lässt Dich nicht beirren. Du fühlst Dich sicher.

Lass Dich von Deinen Ängsten nicht lähmen, sondern stelle Dich ihnen mit der Kraft der Zuversicht und dem Vertrauen, dass Du richtig und recht handelst und dass Du es schaffst. Gehe gegen unbestimmte Ängste an und durch bestimmte Ängste mit realistischer Einschätzung hindurch, damit nicht sie Dich und Dein Leben bestimmen, sondern Du sie. Denn Angst ist letztlich nur ein Gefühl, und Du hast die Macht, Deine Gefühle zu kontrollieren. Fürchte Dich nicht! Nimm Deine Angst wie eine kleine Kartoffel fest in die Hand und fahre mit ihr U-Bahn. Gehe mit Deiner Angst in die Welt hinaus. Greife nach Deiner Hälfte der Welt! Männer tun das auch.

6.8 Aufstehen, Krone richten, weitergehen

Manchmal herrscht nicht nur eine steife Brise im Leben oder Gegenwind, sondern Orkan mit Sturmflut, Land unter. Alle Räder stehen still. Solch schwere Zeiten gibt es bei grossen Verlusten, bei Krankheit, bei Trennung, bei Tod. Meine Beobachtung ist, dass jeder Mensch über 40 Jahre schon mindestens einen Verlust, ein Trauma, erlebt hat. Keiner und keine bleibt verschont, früher oder später trifft es jeden und jede, und wir müssen unseren eigenen Weg durch Lebensstürme finden.

Ein paar Wegweiser und Schutzhütten kann ich aber doch aufstellen, in der Hoffnung, dass sie relativieren und helfen können, solche schwierigen Zeiten zu meistern.

Erstens: Schwere Zeiten suchen nicht nur Dich heim. Sie schieben sich in jedes Leben. Du bist keine Ausnahme mit Deinen schweren Zeiten, Du bist die Regel. Auch wenn Du in einer anderen Haut stecken würdest als Deiner – es würde nichts helfen, es würde Dich ebenfalls treffen, nur eben anders und zu einem anderen Zeitpunkt. Eine Zeitlang hatte ich es mir beinahe zum „Sport" gemacht, das spezielle Trauma meines Gegenübers herauszufinden.

Zweitens: Es gibt drei hilfreiche Tröster in stürmischen Zeiten, die jeder von uns kostenlos zur Verfügung stehen: Schlaf, Natur und Zeit. Schlaf für das kleine Vergessen jede Nacht, für die Unterbrechung all der bedrückenden Gedankenketten. Selbst reiner Erschöpfungsschlaf hilft, bringt uns einen Tag weiter weg von einem traumatischen Erlebnis und näher zurück ans Licht. Natur für das Meistern des Tages. Ich habe festgestellt, dass, wenn ich draussen bin, mich bewege, die Sonne sehe und die Vögel zwitschern höre, ich nicht völlig unglücklich sein kann. Natur ist Labsal für die Seele, und je mehr Zeit wir draussen verbringen können in schlechten Zeiten, desto mehr kann sie uns aufrichten. Und letztendlich ist die Zeit die grosse Trösterin. Die die Trauerecken rund schleift und uns allmählich, Stunde um Stunde, Tag für Tag, Schritt für Schritt, von unserem Trauma entfernt.

Nicht umsonst gibt es das Trauerjahr nach dem Tod eines nahen Angehörigen oder eines engen Freundes. Wir müssen einmal alle Jahreszeiten ohne den geliebten Menschen durchlebt haben. Im zweiten Jahr geht es dann schon besser, und langsam, ganz langsam legen sich Monats- und Jahresringe von neuem, gelebtem Leben über die Wunde. Sie heilt und vernarbt. Die Narbe bleibt. Das ist gut so. Narben erinnern an das, was war. Narben haben heisst, gelebt zu haben. Alles braucht seine Zeit. Es wird nichts wieder werden wie es war. Wir steigen niemals in denselben Fluss. Es wird anders werden. Aber auch das Anders sein, das Anders leben kann ein gutes Leben sein.

Deswegen ist es drittens wichtig, sich an das Aufstehen und das Weitergehen zu erinnern, auch wenn es zu Beginn schwerfällt. Aufstehen, Krone richten, weitergehen. Selbst wenn wir nicht genau wissen, wohin wir gehen sollen. Wichtig ist, aufzustehen und wieder einen Schritt zu gehen. Und wenn Du Dich nach einer Woche oder einem Monat umschaust, dann siehst Du hinter Dir einen Weg, der vorher nicht da war, und den Du gegangen bist: Deinen Weg. Der Weg ergibt sich im Gehen. Der Weg tut sich auf im Gehen. Niemand hat das poetischer ausgedrückt als der spanische Lyriker Antonio Machado in seinem Gedicht „Der Wanderer": „Wanderer, du hast keinen Weg. Der Weg entsteht im Gehen." Wunderbar vertont hat dieses Gedicht sein Landsmann Joan Manuel Serrat in „Caminante no hay camino".[4] Ein Lied voller Melancholie, das in schweren Zeiten die Traurigkeit aufnimmt und doch Hoffnung gibt und einen Weg weist in die Zukunft: Deinen eigenen Weg.

6.9   Führe ein Tagebuch

Seit meinem 10. Lebensjahr führe ich Tagebuch. Heute habe ich eine ganze Box voller Tagebücher. Wer sie einmal auf verstaubten Dachböden aufspürt und über die Ahnenforschung wieder zum Leben erwecken will, findet neben meinen persönlichen Ergüssen

---

[4] (https://www.bing.com/videos/riverview/relatedvideo?&q=caminante+no+hay+camino+serrat+mit+text&&mid=2AB778D6B7F0EAF1B4992AB778D6B7F0EAF1B499&&FORM=VRDGAR; spanischer Text mit deutscher Übersetzung unter: https://lyricstranslate.com/de/caminante-no-hay-camino-wanderer-es-gibt-keinen-weg.html)

über mein Leben, meinen Mann und meine Kinder so allerlei zum Alltag in den 80er-Jahren, über Tschernobyl, über den Fall der Mauer oder die Einführung des Euro.

Der Gebrauch meines Tagebuchs hat sich über die Jahre gewandelt. Enthielt es zunächst vor allem Selbstreflexionen zu meinem Erwachsenwerden, ging ich später zur Beschreibung dessen über, was ich sehe, fühle und persönlich und politisch erlebe. Heute dient es mir eher als persönliches Planungstool für meine Wünsche und Zukunftsvisionen sowie als Instrument der positiven Psychologie.

Ich schreibe mir jeden Abend drei positive Begebenheiten auf, die ich an diesem Tag erleben durfte, und für die ich dankbar bin. Meist sind dies kleine Dinge, wie der Schatten eines Vogels im Flug, das Wiedererwecken einer alten Beziehung zum Leben oder das erste Schneeglöckchen des Jahres.

Ausserdem schreibe ich stichpunktartig meine wichtigsten Aktivitäten des Tages auf und markiere jeweils ein Geschehnis, das diesen Tag besonders macht. Das kann eine Beförderung sein, eine politische Entwicklung oder der Besuch meiner Mutter. Irgendetwas, was diesen Tag unverwechselbar macht, und an das ich mich erinnern kann, wenn ich später an diesen Tag denke. Das funktioniert! Am Ende einer Woche rekapituliere ich, was wichtig für diese Woche war, am Ende eines Monats ebenso.

Ich schreibe am Anfang jeden Jahres meinen Jahresplan auf und am Ende jeden Jahres schaue ich, was ich davon geschafft habe und was nicht. Dabei habe ich festgestellt, dass ich tendenziell überschätze, was ich in einem Jahr schaffen und unterschätze, was ich in fünf Jahren schaffen kann. Ein Tagebuch wird so zum Spiegelbild der eigenen Entwicklung. Wenn ich nachlese, stelle ich auch immer wieder fest, dass meine Erinnerungen sich verschoben haben, und die Dinge vielleicht doch durchaus anders waren, als sie in meinem Gedächtnis gespeichert sind. Nichts ist fest.

Es gibt ganze Informationsgebirge um die Wirksamkeit von Selbstreflexion und Achtsamkeit, es gibt Standardwerke wie das 6-Minuten-Tagebuch aus der positiven Psychologie, mit dem Du beginnen kannst, wenn Du nicht bereits Dein eigenes System entwickelt hast. Für mich hat über die Jahre das Tagebuch mehrere Funktionen übernommen:

- Vademekum der kleinen Dinge eines Tages für Dankbarkeit,
- Bewusstmachung, was das Besondere eines Tages war für die Erinnerung,
- Planungsinstrument ex ante und Evaluierungsinstrument ex post,
- Sammelsurium dessen, was mich im Moment bewegt mit meinen Versuchen, die Gedanken darum zu ordnen,
- Fundgrube an kreativen Ideen und aussagekräftigen Wörtern, eingefügt in Sätze, die rote Backen haben,
- Zufluchtsort meiner Gedanken und Gefühle, ausgedrückt ohne Angst, vor anderen bestehen zu müssen oder von ihnen bewertet und kritisiert zu werden,
- Refugium der Stille und (Selbst-)Reflexion und des Verarbeitens von schweren Zeiten.

Das Tagebuch ist mir sehr wertvoll, das Schreiben ein wichtiges Instrument des Bewusstwerdens, des Gliederns und Einordnens, des Erzählens, der Objektivierung einer

Situation. Daneben ist das Schreiben meine Ausdrucksmöglichkeit. Manche drücken sich in der Musik aus oder der Malerei, ich finde meine Ausdrucksform im Wort. Beim Schreiben kehre ich das Innere nach Aussen, aber nur für mich. Keiner darf dieses Tagebuch lesen, es ist absolut privat und persönlich. Das Tagebuch hilft mir in meiner täglichen Seelenhygiene. Und doch entfaltet es eine Wirkung darüber hinaus, es dokumentiert mich in der Welt. Letztendlich ist Dein Tagebuch das, was Du aus ihm machst.

Selbstcoachingfragen

- Was sind die Wurzeln meines Wohlbefindens? Was ist zu schützen, was zu verändern?
- Was ist mein Ist-Zustand? Stecke ich in Mehrfachbelastungen? Welche Entlastungen gibt es? Wie kann ich mir selbst helfen?
- Woraus schöpfe ich meine Kraft?
- Was macht mich einzigartig?
- Was sind meine Stärken? Wie kann ich sie pflegen? Wie und was kann ich auf ihnen aufbauen?
- Welche drei Wörter fallen mir spontan ein, wenn ich an ein gelungenes Leben denke?
- Wie will ich in 10/20/30 Jahren leben? Welche Wünsche sollen sich bis dahin erfüllt haben (2035/2045/2055)?
- Wie kann ich mit enttäuschten Erwartungen umgehen?
- Wie mit Schicksalsschlägen?
- Welche Mini-Aktivitäten machen mich glücklich und will ich in meinen Alltag integrieren, damit ich am Abend mit meinem Tag zufrieden bin?

Als Tropfen im Ozean sind wir auch Ozean. Deswegen sind wir als Individuum nicht allein, sondern Teil eines grösseren Ganzen. Die Gesellschaft gibt Dir, also gib Du auch der Gesellschaft. Gehe als Minimum demokratischer Aktivität zur Wahl. Engagiere Dich für ein Ziel, für das Du brennst, auch wenn es zunächst unrealistisch oder unmöglich erscheint. Frauenpolitik ist ein Betätigungsfeld mit grosser Wirkung und Durchschlagskraft. Geh Deinen Weg. Der Weg öffnet sich im Gehen. Gehe ohne Furcht ins Weite hinaus und lebe Deine Hälfte der Welt. Wenn Du feststellst, dass Du Deine Hälfte der Welt noch nicht leben kannst, weil männliche oder männlich gemachte Hindernisse im Weg stehen, dann fordere Deine Hälfte ein. Und wenn Deine Hälfte dann da ist, dann nimm sie Dir auch und lebe Dein volles Potential.

7.1 Du bist nicht allein, sondern ein Glied in einer Kette und ein Stern im Kosmos

Als mein Mann 65 Jahre alt war, begann er mit Ahnenforschung. Was zuerst wie ein leicht belächelter Zeitvertreib um die Ursprünge seiner Familie begann, wuchs sich über die Monate zu einer regelrechten Leidenschaft aus, die in kriminalistischer Archivsuche, im Stöbern durch alte Zeitungen, dem Herunterbrechen von Geschichte auf seine Familie, Interviews mit nahen und fernen Verwandten und zum Schreiben eines Familienbuches führte. Er stiess auf friesische Familienhelden – und sezierte sie so lange, bis sie wieder auf Normalmass geschrumpft waren, auf Giftmörder und Seitensprungkinder, auf Auswanderer und Daheimgebliebene, auf Geld, das kam und mit der nächsten Generation sich wieder in Luft auflöste. Das pralle Leben sozusagen. „Ich schreibe für unsere Tochter", sagte er zu Beginn, bis unsere Tochter feststellte, die Forschungen seien zwar auch für sie, aber in ihrer Detailliertheit durchaus vor allem eine Arbeit für ihn selbst.

T. Emmerling, *Es ist Zeit, nimm Dir Deine Hälfte der Welt!*,
https://doi.org/10.1007/978-3-658-49991-4_7

Ich begleitete seine Ahnenforschung mit grossem Wohlwollen und Interesse, auch wenn ich mich weder in seine noch in meine Familiengeschichte ähnlich hineinkniete wie er. Seine Ahnenforschung änderte meine Ansicht des eigenen Ich: Hatte ich mich zuvor immer als Individuum betrachtet, als ein freies Subjekt, das ungebunden ist und sein Leben und sein Schicksal selbst in die Hand nehmen kann, so nahm ich mich zunehmend als ein Glied in einer Kette wahr: Ich bin die Person, die der vorherigen Generation – meinen Eltern – die Hand reicht, ebenso der nachfolgenden Generation – unseren Kindern. Die Generationen bilden eine Kette, über die wir auch über die Kleinfamilie hinaus mit unseren Vor- und Nachfahren verbunden sind. Wir sind nicht nur ein Individuum, ein frei schwirrendes Elektron in Raum und Zeit, sondern auch ein Glied in der Kette der Menschheit, und sei es nur in dieser kleinen Familienkette.

Und es gibt eine Aufgabe in dieser Kette: Sich fest an den Händen zu halten, sie nicht abreissen zu lassen, das, was wir an Wertvollem bekommen haben, weiterzutragen an die nächste Generation. Als die aktive Generation in der Kette sind wir diejenigen, die Kenntnisse und Traditionen von unseren Eltern mitbekommen, sie bewahren und mit ihnen arbeiten, und sie dann, vielleicht modernisiert, an unsere Kinder, die Bausteine der Zukunft, weitergeben.

Als ich das verstanden hatte, begann ich, alte Rezepte meiner Mutter und meiner Oma aufzuschreiben, nachzubacken und nachzukochen, alte Kulturtechniken wie das Nähen, Häkeln und Stricken zu reaktivieren (immerhin reichte es noch für Schals und Pulswärmer), meine Freundin lernte das alte Handwerk der Hinterglasmalerei. Tradition bekam einen positiven Stellenwert und war nicht mehr nur mit alten Sprachen oder Trachten verknüpft.

Kultur auch: Sie ist das, was der Mensch macht und denkt und glaubt, und wir sind die Kulturträger. Kultur lebt nur mit und durch den Menschen. Wenn wir nur das Neue suchen und nichts bewahren, gehen nicht nur unsere eigenen Wurzeln verloren, sondern auch unser kollektives Gedächtnis, Teile unserer Kultur. Das ist so mit dem Friesischen, mit Reigentänzen und Schuhplatteln, mit Oma Lores ostpreussischem Käsekuchenrezept, der fränkischen Bratwurst und der alemannischen Fastnacht. Was nicht gelebt wird, stirbt.

Das Glied in der Kette sind wir, wenn wir „nur" unsere Namenslinie durch die Generationen verfolgen. Normalerweise war dies bei uns die männliche Linie. Aha. Wussten wir ja. Frauen gebären Kinder, aber dann verschluckt sie die Familie des Mannes, und sie verschwinden ins Nirwana der Vergangenheit, als wären sie nicht gewesen. Nur der männliche Nachwuchs zählt. Wir bestehen aber aus mehr als nur der männlichen Linie.

Ziemlich bald fing mein Mann an, auch die weiblichen Linien seiner Vorfahren zu verfolgen. Wer das tut, ändert die Struktur: Aus der Kette wird ein Baum, dann ein ganzer Halbkreis und Kreis, der mit neuen (weiblichen) Ahnenketten die Anzahl der Vorfahren potenziert. Wir sind dann nicht mehr nur ein Glied in einer linearen Kette, sondern auch ein kleiner Stern im grossen Kosmos unserer Vorfahren. Von diesen allen haben wir genetisches Material mitbekommen, von den Vätern *und* den Müttern, sie alle machen uns aus.

So bin ich zu einer neuen Weltsicht gelangt: Vom frei schwirrenden Individuum zum Glied in einer Kette zum eingebundenen Stern im Kosmos unserer Vorfahren. Da gilt es im positiven Sinn die Weisheit der Menschheit weiter zu tragen, Kultur und gute Traditionen zu bewahren und sie an die nächste Generation weiter zu geben, während wir gleichzeitig unseren kleinen Stern im Universum zum Leuchten bringen. Denn Sterne sind Sonnen. Wir sind Sonnenkinder. Und wir sind nicht allein.

7.2   Es geht Dir gut, gib etwas ab

„Das Leben ist ein Spiegel. Wenn Du hineinlächelst, lächelt es zurück", besagt ein Sprichwort von Unbekannt. Es geht Dir gut. Du hast genug zu essen, ein Dach über dem Kopf, und das Zimmer ist warm. Du kannst fast kostenlos die Schule und die Universität besuchen und anschliessend Deine Chancen auf dem Arbeitsmarkt nutzen. Du hast eine Gesundheitsversorgung und ein funktionierendes und stabiles Gemeinwesen um Dich herum. Du lebst in Freiheit und in einer Demokratie. Du bist Teil eines Ganzen. Diese Kombination ist Grund genug, mit einem Lächeln auf dem Gesicht durch den Tag zu gehen.

Probiere einmal aus, jemand ganz Fremden in der U-Bahn anzulächeln. Der Effekt ist oft überraschend, die Menschen lächeln zurück, und der Tag geht beschwingt weiter. Jedenfalls war das so, bis ich das in meiner neuen Wahlheimat Berlin ausprobierte und auf die spezielle Form des Berliner U-Bahn-Charmes stiess. Da lächelt mich jemand in der U-Bahn an, ich bin beglückt und lächle zurück, und dann kommt die Berliner Schnauze: „Wat lächelste mich denn so blöd an". Hm. Naja. Is mir jetz egal, ick lass dit so.

Der Mensch ist ein Herdentier und damit ein soziales Wesen. Jedes soziale Gebilde lebt vom Geben und Nehmen. Wir können vieles geben: ein Lächeln, unsere Zeit, unsere Liebe, unsere Aufmerksamkeit, unsere Gedanken, unser Wissen, unsere Erfahrungen, unser Geld. Zu unterschiedlichen Zeiten werden wir Unterschiedliches zu geben bereit sein. Meine Erfahrung ist: Wenn wir geben, dann wird uns auch gegeben, aber nicht notwendigerweise vom selben Menschen, nicht notwendigerweise reziprok, oft zeitverzögert. Immer wieder bin ich freudig überrascht, was ich wo wann von wem an Hilfe bekomme, mit der ich gar nicht gerechnet habe.

Zeitverzögert: Meine Mutter hat ihren kleinen Bruder mit gross gezogen. Jahrzehnte später, in ihren alten Tagen, war er ihr dann eine grosse Stütze. Beziehungsversetzt: Eine Freundin unterstützte mich durch schwere Zeiten. Ich bedankte mich bei ihr – und half einer anderen Freundin durch eine Lebenskrise. Aus dem Nichts: Ich falle hin. Irgendein Fremder klaubt mich vom Gehweg auf, ruft den Krankenwagen und bleibt bei mir, bis die Sanitäter da sind.

Es besteht im Leben ein grosser Ringtausch an Hilfe, ein unsichtbares Netzwerk an Unterstützung und ein Geflecht an tieferen Verbindungen und Mitmenschlichkeit. „Immer wenn Du meinst, es geht nicht mehr, kommt von irgendwo ein Lichtlein her…" Eine Klassenkameradin hat mir dieses Sprüchlein vor langer Zeit in mein Poesiealbum geschrieben. Ich denke oft daran, wenn ich selbst spontan jemandem helfe oder wenn mir ohne direkte Gegenleistung geholfen wird.

Wir sind nicht allein, wir sind Teil von Etwas, Teil eines Ganzen, und aus dem Wort „Teil" entspringt das Verb „teilen", ein Synonym für „geben". Das Teilen ist eine universelle menschliche Erfahrung und spielt in allen Religionen und allen Philosophien eine zentrale Rolle. Es gilt überall als eine Tugend und ist der Weg, soziale Bindungen zu stärken und die Gemeinschaft zu fördern. Und hier meine ich keine digitalen Verbindungen, sondern Beziehungen mit roten Backen und aus Fleisch und Blut.

Wenn wir miteinander teilen, ist auch die Summe der Teile mehr als das Ganze, so wie Du eine Kerzenflamme teilen kannst, ohne selbst weniger Licht zu haben – wenn jeder seine Kerze an Deiner entzündet hat, wird es rund um Dich dann sogar viel heller strahlen als vorher. Ich finde dieses Teilen einer Flamme ein wunderbares Symbol dafür, dass Teilen nicht notwendigerweise bedeutet, selbst weniger zu haben (sofern es nicht um Kuchen geht).

Die Quelle des Glücks im Leben entsteht nicht aus der Anhäufung von Eigentum oder materiellen Gütern, jedenfalls nicht über einen gewissen, notwendigen Wohlstand hinaus, sondern darin, in lebendige, bereichernde, stabile soziale Beziehungen eingebettet zu sein und unsere Erfahrungen, unsere Erlebnisse, unsere Gedanken miteinander auszutauschen und damit auch etwas von uns abzugeben. Eindrücklich formuliert dies ein chinesisches Sprichwort, das ich sinngemäss wie folgt erinnere: „Wenn wir jeder ein Objekt haben und diese austauschen, dann hat jeder ein Objekt. Wenn wir jeder eine Idee haben und diese austauschen, dann hat jeder zwei Ideen." Auch in dem Verb „mitteilen" steckt das Verb teilen!

Je älter ich werde, desto häufiger spende ich Geld (habe ja auch mehr als früher), desto aufmerksamer schaue ich, wer gerade meine Hilfe braucht (habe ja auch mehr Zeit als früher), desto öfter teile ich spezifisches Wissen und Erfahrungen mit anderen (brauche ja keinen Informationsvorsprung mehr, um mich durchzusetzen). Mein Vater hat mir eine ganz tiefe, einfache Weisheit vorgelebt: „Ich will mit warmen Händen geben und nicht mit kalten", sagte er immer. Genau das hat er getan, und genau das will ich auch tun.

Ich möchte Dich deshalb auffordern, mit offenen Augen durch diese Welt zu gehen und immer um Dich zu schauen, ob, wie und womit Du gerade anderen helfen kannst. Das Geben und Teilen wird sich mit den Jahren verändern, so wie sich auch Deine Möglichkeiten und Fähigkeiten verändern. Aber es ist der Grundstock von guten sozialen Beziehungen.

Es schärft den Blick, sich frühzeitig eine Routine im Geben anzugewöhnen. Auch Dein Selbstwertgefühl steigt, wenn Du eine NGO, deren Arbeit Du gut findest, monatlich mit einem kleinen Betrag unterstützt, wenn Du regelmässig bei Deiner alten Nachbarin vorbeischaust und Deine Einkaufshilfe anbietest oder für eine Naturschutzorganisation Kröten von einer Strassenseite auf die andere trägst, damit sie vom Autoverkehr nicht zermalmt werden. Denn es geht uns gut heute hier in Deutschland und in Europa, es gibt keinen Grund, nicht schon heute damit zu beginnen, etwas abzugeben.

7.3   Das Minimum: Geh wählen!

Nach der Brexit-Abstimmung im Vereinigten Königreich war die Katerstimmung bei den jungen Britinnen und Briten gross: Viele waren davon ausgegangen, dass die anderen sowieso für den Verbleib Grossbritanniens in der Europäischen Union stimmen würden und sparten sich direkt den Gang zum Abstimmungslokal, es gab ja so viel Wichtigeres zu tun. Nein, gab es nicht! Durch den Verzicht, ihre Stimme einzubringen, überliessen die Jungen den anderen Generationen das Feld, mit den bekannten Konsequenzen des Austritts des Vereinigten Königreichs aus der EU, mit der Wiedereinführung von Grenzkontrollen, mit der Verkomplizierung des bis dahin so leichten Reisens in andere Länder, dem Schliessen der europäischen Zukunft für die Jungen.

Der Brexit ist für mich ein trauriges Paradebeispiel für eigene Blödheit. Da erbt die Jugend eine Demokratie, da richtet die Politik sogar eine Volksabstimmung aus, immerhin ging es um eine Zukunftsentscheidung, und dann gehen die jungen Menschen nicht hin, geben ihre Stimme nicht ab, meinen wohl, die Stimme zähle nicht. So entscheiden dann andere für einen. Übrigens war diese Volksabstimmung auch die politische Blödheit des damaligen konservativen britischen Premierministers David Cameron, sie sollte einen rein innerparteilichen Zwist lösen – ein ebenso trauriges Paradebeispiel für ein Spiel mit dem Feuer, und dann brannte das ganze Haus.

Nach dem Brexit bläute ich meiner Tochter ein: Geh zur Wahl! Geh zu jeder Wahl! Immer! Gib Deine Stimme ab! Das ist das absolute Minimum, mit dem Du Dich als Bürgerin einer Demokratie in den politischen Prozess einbringen kannst. Es ist auch unser nobelstes Recht.

Als ich umzog und bei der Bundestagswahl 2021 erstmals in Berlin wählte und dort wegen Unregelmässigkeiten die Wahl wiederholt werden musste, war ich aufgebracht wie selten. Die Hauptstadt einer doch mittlerweile gefestigten deutschen Demokratie kann keine Wahl organisieren? Kann mein wichtigstes demokratisches Recht nicht umsetzen? Nimmt es nicht wirklich ernst? Denn gleichzeitig war ja auch der Berlin-Marathon zu Gange und die Strassen gesperrt, und es fehlten Stimmzettel, oder sie wurden zu spät zu den falschen Wahllokalen gebracht. Ein Grossereignis Marathon am Wahltag?

Meine Eltern, noch in der NS-Zeit geboren, gingen in der jungen Bundesrepublik im Anzug und im Sonntagskostüm zur Wahl. Der Wahltag war nicht ein Ereignis am Rande eines Marathons, sondern ein nobler Tag. Die Wahl bestimmte den Tagesablauf am Wahltag, meine Schwester und ich durften mitgehen (und warteten im Wahllokal darauf, dass unsere Eltern wieder hinter dem Wahlvorhang hervorkamen). Mit dem Schliessen der Wahllokale sassen alle vor dem Fernseher. Der war zwar nicht für die Wahlen, sondern für die Mondlandung angeschafft worden, hatte aber neben den Nachrichten, Fussballspielen, der Kinderstunde und den Mainzelmännchen auch den positiven Nebeneffekt, dass er die Wahlergebnisse sendete. Dann kamen die Verwandten und das Ergebnis, einschliesslich der politischen Elefantenrunde, wurde bei Salzstangen und Häppchen mit Bier durchgekaut und durchdebattiert, die halbe Nacht lang.

Was ich damit sagen will: Die Demokratie, die Wahlen, sie wurden von dieser Generation, die noch die Diktatur erlebt hat, als Geschenk betrachtet, als eine implizite Pflicht, die Stimme abzugeben, obwohl es in Deutschland keine Wahlpflicht gibt. Der Wahltag war ein besonderer Tag. Das ist er auch heute noch für mich. Ich bin froh und dankbar, dass ich in einer Demokratie leben zur Wahl gehen darf, und ich gebe immer meine Stimme ab. Wenn Du also etwas in der Gemeinschaft mitgestalten und Einfluss ausüben willst, dann ist das alleräusserste Minimum: Geh wählen! Immer!

7.4   Engagiere Dich für ein gesellschaftliches Ziel, für das Du brennst – Stehe für etwas

Mit dem Wählen allein ist es nicht getan. Eine demokratische Gesellschaft lebt vom Engagement ihrer Bürger. Deshalb ist es wichtig, das wir uns einbringen und etwas für die Gemeinschaft tun.

Ich habe in meinem Leben sehr viel von der Gesellschaft bekommen: Eine kostenlose Schulbildung, eine kostenlose Universitätsausbildung, Krankenversicherung, Rentenversicherung, ein stabiles wirtschaftliches System, Rechte als Frau. Vor allem aber hat die Gesellschaft meiner Nachkriegseltern ein ganz besonders wertvolles Gut aufgebaut und uns als Erbe hinterlassen: Über 80 Jahre Frieden in einer Demokratie im Herzen Europas, undenkbar ohne das Projekt der europäischen Einigung. Ich durfte in Sicherheit, Stabilität und zunehmendem Wohlstand aufwachsen. Der Gesellschaft und den Politikern, die das ermöglicht haben, bin ich ungemein dankbar.

Lange habe ich das alles für selbstverständlich hingenommen, weil es schon da war, als hätte es nur auf mich gewartet. Aber wir sehen heute, dass nichts selbstverständlich ist, und dass jede Generation wieder neu definieren und leben muss, was ihr wichtig ist. Denn kollektive Traumata verschmelzen zu Geschichte, Erinnerungen verblassen und Erbe werden verschleudert.

Ich bin kein Mensch, der sich gern in Parteien und Vereinen organisiert – das ist allerdings verkehrt, heute betrachte ich es als Fehler, dass ich das nicht getan habe. Denn es hätte bedeutet: Ich stehe für etwas, ich vertrete etwas, auch nach aussen. „Stand your ground", ist heute wichtiger denn je.

Zu meiner Ehrenrettung möchte ich sagen, dass ich trotzdem auf meine Weise an die Gemeinschaft zurückgegeben habe und zurückgebe: Ich habe immer eine Arbeit ausgeübt, die ein gesellschaftliches Ziel hatte, hinter dem ich stehe. Da es dabei nicht um Profit ging, sondern um gesellschaftliche Ziele – das neutrale Berichten der Wahrheit bei der Deutschen Presse-Agentur, die europäische Einigung als EU-Beamtin – schaue ich voller Stolz auf mein Berufsleben zurück. „Ich weiss gar nicht, was ich in meinem Leben geschafft habe, es ging doch immer nur ums Geldverdienen", räsonierte kürzlich ein Freund von mir, immerhin ehemaliger CEO eines grossen deutschen Unternehmens. Ich kann das für mich selbst nicht unterschreiben.

Mein Mann und ich haben eine Stiftung gegründet, die Toleranzprojekte für Jugendliche fördert. Mittlerweile ist diese Stiftung auch im Naturschutz aktiv. Seitdem ich Mutter bin, veröffentliche ich zu frauenpolitischen Fragen. Noch während meiner Berufsphase versuchte ich, junge Frauen zu fördern, war auch Mentorin. Je älter ich werde, desto wichtiger wird das für mich. Mittlerweile coache ich vor allem Frauen. Ich schreibe dieses kleine Buch für junge Frauen wie Dich, um kleine und einfache Wegweiser durch das Labyrinth des Lebens an die Hand zu geben. Ich will helfen, dass Du Deine Stärken entwickelst, selbstbewusst und finanziell unabhängig Deinen Platz findest und Dir Deine Hälfte der Welt nimmst.

Ich halte viel vom Thema Nachhaltigkeit und Klimaschutz, es ist eines der grossen gesellschaftlichen und wirtschaftlichen Themen unserer Zeit. Auf unserem Hausdach produziert eine Solaranlage Strom. Die Zimmertemperatur wurde heruntergedreht, ein Pullover angezogen. Das zweite Auto haben wir abgeschafft, als keine Kinder mehr zu transportieren waren. In der Stadt fahre ich vor allem Fahrrad. Auf langen Strecken bevorzuge ich den Zug – wenn er denn fährt – vor dem Auto. Wir essen nur noch wenig Fleisch, Gemüse am liebsten regional. Ich versuche, nur das zu kaufen, was wir wirklich brauchen und mit möglichst wenig Verpackung. Ausserdem kaufe ich möglichst nur noch Dinge, die sich reparieren lassen. So war das als ich Kind war, doch dann hielt die Wegwerfgesellschaft Einzug, mit der ich immer noch fremdele – und mich nun darüber freue, dass dieses Rad wieder zurückgedreht wird. „Kreislaufwirtschaft" heisst das auf Neudeutsch oder „Vintage" bei Gegenständen.

Bei allem individuellen Engagement für Nachhaltigkeit und Klimaschutz dürfen wir jedoch nicht vergessen, dass wir zwar eine individuelle Verantwortung tragen, dass aber die wirklich grossen Entscheidungen, die zur Nachhaltigkeit führen, nicht in unserem kleinen Haushalt getroffen werden (obwohl Kleinvieh auch Mist macht) als vielmehr in den grossen Unternehmen und in der Politik: Wie produziert unsere Gesellschaft Strom oder Stahl, welcher Energieträger wird genutzt, wie kann schon in der Produktion potentieller Müll gespart werden, wie konzipieren Unternehmen Produkte, die auf Langlebigkeit ausgerichtet sind und nicht auf schnellen Konsum? Sind Neuerungen wie Kryptowährungen, künstliche Intelligenz und Marsmissionen – alle drei ungeheure Energiefresser im Vergleich zu bestehenden Technologien – wirklich die Heilsbringer für eine nachhaltige Zukunft, als die sie dargestellt werden? Was ist ihr CO_2-Abdruck? Nicht alle Entscheidungen für eine nachhaltige Zukunft sind individuelle Entscheidungen. Vielmehr sind Engagement in Parteien, Spenden für NGOs oder der Gang durch die Institutionen, wie die 68er Generation das schrittweise Eindringen in und Umkrempeln von Institutionen nannte, um gesellschaftlichen Wandel zu erzeugen, ebenso wichtig.

Egal, für welches gesellschaftliche Ziel Du Dich engagierst, und wie Du die Welt ein bisschen besser machen willst – was ich für wichtig halte, ist, dass Du eines hast! Und dass Du versuchst, dieses Ziel möglichst konsistent zu leben. Damit Du nicht nach vierzig Berufsjahren – wie der ehemalige zitierte CEO – armselig sagst, ich habe ja nichts verändert durch meine Arbeit und mein Engagement, und sie haben ja nichts gebracht ausser Geld verdienen. Der indische Rechtsanwalt, Pazifist und politische Anführer der indischen

Unabhängigkeitsbewegung, Mahatma Gandhi, wusste wie das geht: „Sei selbst die Veränderung, die Du in der Welt sehen willst."

7.5 Seid Realisten, fordert das Unmögliche

Dieser Slogan der 68er Pariser Studentenbewegung, der dazu inspiriert, grosse, scheinbar unmögliche Ziele zu fordern und zu erreichen, hat seine Gültigkeit in meinem Leben schon mehrmals bewiesen, im positiven wie im negativen Sinn:

Die Berliner Mauer fiel. Gebaut vor meiner Geburt, unverrückbar, unveränderbar und ewig erschien sie mir – um doch mit der Wende 1989 vor meinen Augen zu zerbröseln. Nie hätte ich gedacht, dass diese Mauer durch Deutschland sich während meiner Lebenszeit jemals öffnen würde, und das ohne Blutvergiessen. Dies war ein grosses kollektives Wunder, ein Geschenk der Geschichte. Immer noch liegt ein Stück der Mauer auf meinem Schreibtisch.

Der Euro kam. Eine Utopie – noch während meines Wirtschaftsstudiums lernte ich über den optimalen Währungsraum, dass eine europäische Gemeinschaftswährung erstrebenswert, aber nicht realisierbar sei – erblickte 2002 das Licht der Welt. Meine ersten Euros drehte ich am Madrider Flughafen zwischen den Fingern und konnte es kaum glauben. Heute ist der Euro schon eine Generation alt.

Ein Kernkraftwerk explodierte. Mit Tschernobyl wurde 1987 eine Apokalypse Wahrheit. Wie schnell haben wir vergessen, dass wir tagelang nicht ins Freie gingen, wochen- und monatelang keine Blattsalate mehr aßen, nichts mehr von draussen, die Kinder nicht mehr auf dem Sand des Spielplatzes spielten. Wilde Pilze, Reh- oder Wildschweinfleisch sind bis heute diskreditiert. Der Unglücksreaktor wurde in einen Sarkophag eingemauert. Später kam die Katastrophe von Fukushima dazu. Das lag zwar weiter weg, führte aber dazu, dass die damalige konservative Regierung den Atomausstieg beschloss.

Neuer Krieg brach in Europa aus, erst die Jugoslawienkriege in den 90er-Jahren, dann der Einmarsch russischer Truppen in die Ukraine im Februar 2022 – ich hätte nicht gedacht, dass nach dem verheerenden Zweiten Weltkrieg auf unserem Kontinent wieder mit Waffen gesprochen wird.

Die Covid-Pandemie 2020. Nie hätte ich mir vorstellen können, dass alle Räder still stehen, dass das Haus nicht verlassen, die Eltern im Heim nicht mehr besucht werden dürfen, dass Menschen per Internet beerdigt werden, dass die Regale der Supermärkte leergeräumt sind, dass alles geschlossen ist.

All dies eigentlich Unmögliche ist passiert in meinem kleinen Leben, und wer weiss, was noch kommen wird. Deshalb wähne ich mich nicht mehr in falscher Sicherheit. Alles kann passieren, im Guten wie im Schlechten. Die Generation meiner Grosseltern ist noch mit dem Pferdefuhrwerk gefahren, hat zwei Hyperinflationen und zwei Weltkriege überlebt und wurde in den Beginn des Computerzeitalters und zur Mondlandung katapultiert. Bei manchen Dingen, die heute noch unrealistisch erscheinen, müssen wir einfach warten und unser Fähnchen hochhalten, manchmal ist die Zukunft dann plötzlich da, die Wende ist das Paradebeispiel dafür.

Von meinem Professor in Finanzwissenschaften ist mir aus dem Studium eine Zahl besonders in Erinnerung geblieben: In normalen Zeiten lässt sich jährlich durch Investitionen (Bruttoinvestitionen minus Abschreibungen) etwa 1 % des Kapitalstocks, also des gesamten angesammelten Sachkapitals einer Volkswirtschaft, verändern. Das wären 25 % in einer Generation. Es braucht also in normalen Zeiten etwa vier Generationen, um den Kapitalstock einmal auszutauschen.

Ökonomische Lehrbücher zur Wachstumstheorie geben eine ähnliche grobe Orientierung, allerdings etwas höher: Oft wird die Konvergenzrate von 2 % zitiert, die Wirtschaftsforscher für die wirtschaftliche Annäherung zwischen Regionen in verschiedenen Industrieländern als Schätzgrösse gefunden haben.[1]

Die KI hat mir folgende Abschätzung ausgespuckt: Bruttoinvestitionen liegen in vielen Industrieländern bei 15–25 % des Bruttoinlandsprodukts. Der Kapitalstock beträgt oft das Drei- bis Fünffache des jährlichen BIP. Daraus ergibt sich eine Veränderung des Kapitalstocks durch Bruttoinvestitionen von etwa 3–7 % im Jahr. Nach Abzug der Abschreibungen bleibt eine Nettozuwachsrate von 1–3 % des Kapitalstocks im Jahr in normalen Zeiten. Manchmal kann das Tempo schneller sein, zum Beispiel bei Wiederaufbauanstrengungen nach einem Krieg oder in Schwellenländern, die rasch industrialisieren.

Ob es nun 1, 2 oder 3 % sind: Das ist alles nicht rasant. Aber doch schnell genug, um nach siebzig oder achtzig Jahren, wenn wir nicht mitgelernt haben, plötzlich aus der Zeit gefallen zu sein und sich nicht mehr auszukennen in dieser Welt, weil neue Verfahren, neue Technologien, neue Rahmenbedingungen und neue Politiken Einzug gehalten haben. Veränderung passiert Tag für Tag, Woche für Woche, Monat für Monat und Jahr für Jahr. Manchmal bricht sie aber auch über Nacht herein, und was gestern noch richtig war, gilt heute nicht mehr.

In jedem Fall war Veränderung schon immer da und allen Unkenrufen zum Trotz bleibe ich optimistisch. Ich glaube nicht, dass morgen die Welt untergeht, jedenfalls nicht, solange keiner einen Atomkrieg anzettelt oder mit Biowaffen hantiert.

Aber ich glaube schon, dass wir alle, systemisch und einzeln, unseren Teil dazu beitragen können, dass wir pfleglich mit dieser unserer Erde umgehen, dass wir nicht alles verpesten, zersiedeln, vermarkten und verkonsumieren, sondern nur das nehmen, was wir wirklich brauchen. Was heute unmöglich erscheint, kann übermorgen schon Realität sein. „Es scheint immer unmöglich, bis es vollbracht ist", sagte Nelson Mandela.

Ich danke allen, die heute einen Apfelbaum pflanzen oder einen Wald säen. Sie werden weder die Äpfel essen, noch durch den Laubwald spazieren gehen. Dies sind komplett altruistische Tätigkeiten, sie sind nicht für uns, sondern für unsere Kinder und für unsere Enkel. Denn Hoffnung ist wie eine Brücke, sie verbindet die Gegenwart mit der Zukunft.

---

[1] Barro R.J., Sala-i-Martin X. (2021, 2. Edition). *Economic growth.* S. 482F; mit Referenzen, Studien und Literaturhinweisen bezüglich verschiedener Länder; oder auch Burda M., Wyplosz C. (2009, 5. Edition). *Macroeconomics – A European Text.* Oxford. S.82f

7.6 Wir sind keine Minderheit – Augen auf gegen männliche Standards

Meine Freundin war einmal Referatsleitern für ein kleines Referat, das zuständig war für die Förderung von Benachteiligten und Minderheiten, sprich Frauen, Kindern, Alten und Behinderten. Sie feixte immer, sie sei zuständig für mehr als die Hälfte der Bevölkerung, die offensichtlich aber nicht so ganz dazugehöre. Denn die Welt ist männlich. Sie war und wird von Männern für Männer gemacht.

Handys sind für Männerhände konzipiert, Arzneimittel werden an Männern erprobt, die Sicherheit von Autos mit männlichen Dummies getestet. Die Regalhöhe ist auf Männergrössen genormt, die Temperatur in Büros genau richtig für Männer, während wir Frauen darin meist zittern oder uns einen dicken Pullover überziehen müssen. Künstliche Intelligenz hat schon jetzt einen männlichen Bias.

Ein Blick in die Geschichte spricht Bände: Dynastien von Kaisern und Königen, eine Abfolge von männlichen Künstlern und Musikern, Politikern und Schriftstellern, Philosophen und Wissenschaftlern, egal, in welches Land der Welt wir blicken. Kaum eine Frau darunter, Ausnahmen bestätigen die Regel. Als wäre die ganze Menschheit männlich.

Das alles ist nicht neu. Die französische Frauenrechtlerin Simone de Beauvoir hat schon 1949 treffend formuliert: „Die Menschheit ist männlich, und der Mann definiert die Frau nicht an sich, sondern in Beziehung auf sich; sie wird nicht als autonomes Wesen angesehen. … Sie wird bestimmt und unterschieden mit Bezug auf den Mann, dieser aber nicht mit Bezug auf sie; sie ist das Unwesentliche angesichts des Wesentlichen. Er ist das Subjekt, er ist das Absolute: sie ist das Andere."[2] Adam bastelte Eva aus seiner Rippe.

Wir haben eine repräsentative Demokratie, aber Frauen sind mehr als 75 Jahre nach Gründung der Bundesrepublik immer noch unterrepräsentiert, dabei heisst es im Grundgesetz, dem Einsatz der sozialdemokratischen Rechtsanwältin Elisabeth Selbert und ihren Mitstreiterinnen sei Dank: „Männer und Frauen sind gleichberechtigt."Später kam hinzu:"Der Staat fördert die tatsächliche Durchsetzung der Gleichberechtigung von Frauen und Männern und wirkt auf die Beseitigung bestehender Nachteile hin."[3]

Der 1. Deutsche Bundestag (1949–1953) nach Gründung der Bundesrepublik hatte einen Frauenanteil von mageren 6,8 %. Den Tiefpunkt erreichte der 8. Bundestag (das war 1972–1976 – da war ich schon längst geboren!) mit sage und schreibe 5,8 % – also gerade mal einer Frau auf 19 Männern. Erst Mitte der 80er-Jahre, da studierte ich schon und die Wende nahte, stieg der Frauenanteil auf zweistellige Werte (15,4 % im 11. Bundestag 1987–1990). Seither kletterte er allmählich an auf mittlerweile ein gutes Drittel (34,8 %

---

[2] De Beauvoir S., (1951, später mehrfach neu aufgelegt, mit jeweils leicht abweichenden Übersetzungen). *Das andere Geschlecht*. Rowohlt. Hier zitiert nach Auflage April 1978, S. 11f

[3] Ein exzellenter Podcast von *Zeit Geschichte* über die Entstehung des Grundrechts zur Gleichberechtigung *Wie die Gleichberechtigung ins Grundgesetz kam* findet sich auf: https://open.spotify.com/episode/54aZjcmZVrvstTIcmRLw3h?si=aOFutsEITs62IprcIv5VUg

im 20. Bundestag 2021–2025).[4] Neben jeder Frau sitzen also statt 19 heute immer noch zwei Männer. Wir haben gut fünfundsiebzig Jahre nach dem Gleichstellungsartikel immer noch nicht an unsere Hälfte gleichgezogen! Und im 2025 gewählten 21. Bundestag ist der Frauenanteil bereits wieder rückläufig (minus 2,4 Punkte auf 32,4 %) und liegt unter dem Frauenanteil in den Parlamenten vieler anderer europäischer Staaten.[5]

In der Wirtschaft sieht es nicht besser aus. Zwar gibt es für die Besetzung von Aufsichtsräten jetzt Quoten – die aber hierzulande nicht ganz erfüllt werden. Unter anderem weil es, so lamentieren die Männer, keine entsprechend qualifizierten Frauen gibt. Hahaha. Es gibt so viele mittelmässige Männer auf guten Jobs, da können wir Frauen allemal mithalten. Wir haben sie schon bei den Abiturnoten und im Studium abgehängt, und wo es um die fetten Jobs geht, sollen wir auf einmal nicht mehr ausreichend qualifiziert sein? Lachhaft!

Folgerichtig machen diese überwiegend männlichen politischen und wirtschaftlichen Vertreter vorwiegend Politik für Männer. Wir sind die Hälfte der Welt, aber wir haben sie noch lange nicht erobert, unsere Hälfte, wir sind noch lange nicht am Ziel. Rechtlich noch nicht und wirtschaftlich erst recht nicht.

Historisch waren die Frauen in vielen Gesellschaften zunächst sogar systematisch von den Menschenrechten ausgeschlossen. Jede Frauengeneration hat dann ihren Kampf gekämpft: Meine Grossmutter für das Wahlrecht, die Generation meiner Mutter für das Recht auf Abtreibung („Mein Körper gehört mir"), Bildungschancen und das Ende der wirtschaftlichen Bevormundung durch den Mann, meine Generation für Kinderbetreuungsplätze, bessere Repräsentation und Quoten. Wir sind zu diesen Fragen auf dem Weg, aber noch nicht am Ziel. Meines Erachtens wären jetzt der Pay Gap und wirtschaftliche Gleichstellung dran als grosse Frauenthemen. Ein Gender Pay Gap von 16 %, wie derzeit noch in Deutschland der Fall und in Abschn. 3.7 und in Exkurs 2 weiter ausgeführt, ist nämlich nicht gottgegeben, sondern ein frauenpolitisches Armutszeugnis der deutschen Politik und Wirtschaft.

Gleichzeitig müssen wir aufpassen, dass nicht das Rad zurückgedreht wird. So beobachte ich die Geburt einer neuen Maskulinitätskultur über politische und ideologische Gräben hinweg: Trump, Musk, Putin – überall Muskelmänner. Frauen kommen da höchstens als so eine Art sexy Petersilie zum Garnieren der Speisen vor – und werden gern gleich mitverspeist. Rollbacks zum Thema Abtreibung in den USA, in Polen, wo als nächstes? Die Digitalisierung und Robotisierung, künstliche Intelligenz mit Algorithmen aus der Sicht von Männern. Kriege wieder als Mittel, das Herrschaftsgebiet zu vergrössern, das Recht des Stärkeren gegen die Stimme des Rechts. Mars, der römische Kriegsgott, schlägt Justitia, die römische Göttin der Gerechtigkeit und des Rechtswesens.

---

[4] Quelle: Wikipedia

[5] Statistisches Bundesamt. (2025). *Frauen in Parlamenten in Deutschland nach wie vor unterrepräsentiert*. Wiesbaden. Pressemitteilung N010 vom 5. März 2025

https://www.destatis.de/DE/Presse/Pressemitteilungen/2025/03/PD25_N010_13.html

Frauenpolitik ist kein Randthema. Jedes Engagement, jede Politik für Frauenrechte und ihre Umsetzung hat eine umfassende Reichweite: Sie betrifft direkt das Leben der Hälfte der Bevölkerung. Sie ist keine Minderheitenpolitik! Frauenrechte sind keine Sonderrechte oder zusätzlichen Ansprüche, sondern Ausdruck der Menschenrechte, die für alle Menschen gelten, aber noch nicht für alle umgesetzt sind. Es lohnt sich also sehr, sich für frauenpolitische Themen zu engagieren.

Dieses Kapitel ist damit ein ganz grosses Plädoyer an Dich, die auch heute noch existierenden systemischen Benachteiligungen von Frauen zu erkennen und Deine Gleichberechtigung zu verlangen. Also Mund aufmachen und fordern, durchaus auch zusammen mit Männern, die die Benachteiligungen sehen, gerade Töchterväter sind gute Mitstreiter. Sonst passiert nichts. Schön formuliert hat das Simone de Beauvoir: „Frauen, die nicht fordern, werden beim Wort genommen – sie bekommen nichts." Denn sie fällt uns nicht in den Schoss, unsere Hälfte der Welt, sie muss immer wieder, jeden Tag neu, eingefordert und gelebt werden, ein ganzes Frauenleben lang.

7.7 Fordere und lebe Deine Hälfte der Welt – der Weg entsteht beim Gehen

Ich danke Dir, dass Du die Geduld und die Aufmerksamkeit aufgebracht hast, mit mir durch 52 Kapitel gelebter Lebensweisheiten zu wandern. Wir sind am Grund meiner Schatzkiste angelangt. Du bist es, die nun entscheidet, welche meiner handgestrickten, aber praxiserprobten Ratschläge Du ausprobieren möchtest, welche in Dein Leben passen und welche nicht. Du bist die Königin in Deinem Lebensterritorium.

Drei Gedanken möchte ich Dir noch mitgeben auf Deine Lebenswanderung:

Erstens: Überwinde Deine Angst, verlasse Deine Komfortzone und gehe hinein in die Welt. Die Welt ist gross und schön und hält viele paradiesische Plätze, anregende Menschen, reiche Erlebnisse und unerwartete Chancen für Dich bereit, von denen Du nicht einmal geträumt hast. Das erste Buch meiner Freundin Sibylle Peine hat einen wundervollen Titel, der in diese Richtung weist: „Ohne Furcht ins Weite hinaus".[6] Sie hat darin Biographien von fünf französischen Frauen aus dem 19. Jahrhundert beschrieben, die den Widrigkeiten und der Frauenfeindlichkeit des 19. Jahrhunderts zum Trotz ein selbstbestimmtes und emanzipiertes Leben lebten. Diese Frauencharaktere haben mich seither begleitet, und es ist hilfreich, sich Vorbilder zu suchen.

Wenn Dir da draussen der Wind um die Ohren pfeift, setze eine Mütze auf. Wenn Dir der Schuh drückt, ist er vielleicht zu klein und muss gegen einen grösseren ausgetauscht werden. Wenn Du hinfällst, dann weisst Du, was zu tun ist: aufstehen, Krone richten, weitergehen. Nach einer Weile wirst Du merken, dass Deine Angst weniger wird, Du sicherer unterwegs bist und sich Deine Komfortzone erweitert: Du bist gewachsen.

---

[6] Peine S. (1995). *Ohne Furcht ins Weite hinaus*. Benziger Verlag

Zu Beginn meiner Verwaltungslaufbahn fragte mich mein Chef, wie mir die Arbeit gefalle. „Sehr gut", antwortete ich, „vor allem bringt sie so viel Neues, es ist, als ob ich in einem Zimmer wäre mit vielen Türen, ich kann jederzeit eine neue Tür öffnen und weitergehen, und dann komme ich wieder in ein Zimmer mit vielen Türen, in dem ich erneut eine Tür öffnen und weitergehen kann. Es ist aufregend und ich lerne so viel." Mein Chef, ein Menschenfreund und gewiefter Pragmatiker kurz vor der Pensionierung, lächelte verschmitzt und erwiderte: „Und irgendwann wirst Du eine Tür aufmachen, hineinschauen, die Hände hochreissen vor Entsetzen und denken, hätte ich die bloss nie aufgemacht. Also mache diese Tür ganz, ganz schnell wieder zu! Fest. Ganz fest. So fest zu kannst. Und dann schlag einen Haken, verdufte rasch durch eine andere Tür, schau Dich nicht um, sondern gehe zügig in eine andere Richtung weiter."

Zweitens: Geh. Geh Deinen Weg. Aber vergewissere Dich vorher, dass Du Dir mit Deiner Machete den Weg durch den richtigen Dschungel bahnst. Wie lang Du unterwegs bist, ist Geschmackssache, Hauptsache die Richtung stimmt. Nimm also einen Kompass mit. Du wirst unterwegs das sehen und finden, was Du suchst, worauf Du Deinen Blick fokussiert hast, nicht mehr und nicht weniger, je nachdem ob Du eine Blümchenwanderin, eine Genusswanderin, eine Abenteuerwanderin, eine Gesellschaftswanderin, eine Fotografierwanderin, eine Fitnesswanderin oder eine Bergsteigerin bist.

Dein Weg öffnet sich im Gehen – Du schlägst ihn Dir ja frei mit Deiner Machete. Und erst wenn Du hinter Dich schaust, siehst Du, wie weit Du schon gekommen bist auf Deinem Weg, den niemand anders so geht wie Du, denn es ist ja Dein ganz eigener Weg. Lass Dich unterwegs nicht beirren von Besserwissern, nur Du weisst, was Du suchst. Wenn Dir mal wieder die Angst den Rücken hochsteigt, dann akzeptiere sie als Deine Begleiterin und spreche Dir Mut zu: Wir sind jetzt zu zweit. Meine Angst und ich schlagen uns jetzt meinen Weg durch diesen Dschungel.

Drittens: Lebe Deine Hälfte der Welt. Wenn Du feststellst, dass Du sie noch nicht leben kannst, weil (männliche oder männlich gemachte) Hindernisse den Weg zu Deiner Hälfte versperren, dann fordere Deine Hälfte, auch zusammen mit gleichgesinnten Frauen. Sonst passiert nichts. Keiner gibt Dir einfach so aus Menschenfreundlichkeit Deine Hälfte. Wir müssen schon noch selbst darauf aufmerksam machen und uns Gehör verschaffen über das, was noch fehlt, denn besser als wir sieht und weiss das keiner.

Und wenn Deine Hälfte dann da ist, dann nimm sie Dir auch! Lass sie nicht in der Ecke vergammeln und auf Dich warten, sondern geh gleich hin und hole sie Dir. Sonst versteckt sie sich noch oder macht sich gar klammheimlich wieder aus dem Staub! Und weil Du ja schon Deine Komfortzone verlassen hast und in die Welt hinausgewandert bist, bist Du stark und ohne Furcht. Dann lass Dich nicht beirren und lebe Dein volles Potential. Du bist die Expertin Deines Lebens.

Selbstcoachingfragen

- Welche Werte sind für mich und mein Leben zentral?
- Was ist mein wichtigstes gesellschaftliches Ziel?
- Was motiviert mich daran am meisten?
- Was bin ich bereit, dafür zu tun? Bezüglich der Änderung meines eigenen Verhaltens und bezüglich meines gesellschaftlichen Engagements?
- Welche zwei/drei Persönlichkeiten im (öffentlichen) Leben bewundere ich, weil sie bereits jetzt tun, was ich ausprobieren möchte?
- Wie möchte ich von anderen wahrgenommen werden?
- Wo und wie kann ich Win-Win-Situationen herstellen, also zwei Ziele mit einer Aktivität erreichen? Zum Beispiel: Kann ich mein gesellschaftliches Ziel bereits über meine Berufswahl erreichen?
- Woran messe ich und wie merke ich, dass ich einen Schritt weitergekommen bin?

Exkurs 1: Coaching und Selbstcoaching

„Man kann einen Menschen nichts lehren, man kann ihm nur helfen, es in sich selbst zu entdecken." Das Zitat des italienischen Universalgelehrten, Physikers und Kosmologen Galileo Galilei umreisst plastisch, worum es beim Coaching geht: Eine geführte Reise, die Selbstentdeckung, Entwicklung sowie Energie und/oder Leistungsfähigkeit zum Ziel hat. Eine Reise zu Wachstum und Veränderung. Der Coach[1] ist dabei Partner und Begleiter.

Keine einheitliche Definition von Coaching

Eine feste, einheitliche Definition des Begriffs Coaching gibt es nicht, die unterschiedlichen Definitionen beziehen sich auf verschiedene Coachingkonzepte[2] und variieren nach

---

[1] Der Begriff „Coach" wird in diesem Exkurs in der männlichen Form verwendet, da die Verwendung der weiblichen Form Coachin unüblich ist, und die Verwendung des Gendersternchens die Lesbarkeit erheblich beeinträchtigt. Gemeint sind aber immer beide Geschlechter, da ein Coach sowohl weiblich als auch männlich sein kann. Da die Mehrzahl der Klienten (Coachee) weiblich ist, wird im Exkurs die weibliche Form verwendet.

[2] Greif S. (2021). *Was ist Coaching? Wissenschaftliche Grundlagen und praktische Methoden.* Osnabrück, S. 5.

Nach Cox E., Bachkirova T., Clutterfield D. (eds) (2024) *The Complete Handbook of Coaching.* Sage, London, 4. Auflage, S. 1 zielt Coaching auf einen menschlichen Entwicklungsprozess, der strukturierte, fokussierte Interaktionen und die Verwendung von Strategien, Werkzeugen und Techniken umfasst, um gewünschte und nachhaltige Veränderungen im Leben zu erzielen. Das *„Handbuch Coaching"*, herausgegeben von C. Rauen, Stuttgart 2021, 4. Auflage, S. 38 f nähert sich dem Begriff über bestimmte Charakteristika wie interaktiver, personenzentrierter Begleitprozess, lösungsorientiert, zielfokussiert, freiwillig, transparent. Die International Coaching Federation definiert plastisch: „Coaching ist ein partnerschaftlicher, zum Nachdenken anregender Prozess, der Menschen kreativ dabei unterstützt, ihr persönliches und berufliches Potential zu maximieren." Der Deutsche Bundesverband Coaching wendet eine stärkere geschäftlich ausgerichtete Definition an: „Coaching ist die professionelle Beratung, Begleitung und Unterstützung von Personen mit Führungs-/Steuerungsfunktionen und von Experten in Unternehmen/Organisationen.

Kontext, je nachdem, ob es um persönliches Wachstum, Wirtschaft, Sport oder Gesundheit geht. Den meisten Definitionen ist jedoch gemeinsam, dass sie sich auf einen partnerschaftlichen Prozess beziehen, bei dem ein Coach eine Person (Coachee) durch Dialog und basierend auf einer bestimmten Methode dabei unterstützt, mentale Fähigkeiten zu stärken, um Herausforderungen zu bewältigen und persönliche und berufliche Ziele zu erreichen.

Ein Coach ist kein (Psycho)Therapeut, der mit der Coachee die Ursachen mentaler Krankheiten angeht. Er ist auch kein Berater, bei dem eine erfahrene Person (Mentor oder Mentorin) ihr Wissen, Erfahrungen und Einsichten an eine weniger erfahrene Person (Mentee) weitergibt und kein externer Problemlöser. Vielmehr versteht sich ein Coach als positiver Begleiter eines Entwicklungsprozesses und Impulsgeber. Er kann Nachdenkprozesse anstossen und die Coachee unterstützen, die Antwort auf ihre Fragen und die Lösung ihrer Probleme in sich selbst zu finden.

Coaching ist interdisziplinär und praxisorientiert

So wie die Definition, ist auch die theoretische Basis des Coachings interdisziplinär und vielfältig. Sie ist vergleichsweise jung, nicht einheitlich strukturiert und noch nicht abgeschlossen. Die wissenschaftlichen Auseinandersetzungen mit Theorie, Methodik und Evaluierung der Wirksamkeit des Coachings stammen aus unterschiedlichen Disziplinen wie Psychologie, Persönlickeitsentwicklung, Psychotherapie, Systemtheorie, Kommunikationswissenschaft, Managementwissenschaften, Pädagogik, Philosophie etc. Statt eines einheitlichen Theoriekonstrukts dominieren daher eine Vielzahl einzelner Ansätze, Tools, Werkzeuge und Methoden. „Zweifellos wird Coaching heute vor allem von Praktiker*innen gestaltet, die sich auf Konzepte und Methoden nach ihren praktischen Erfahrungen stützen, die – wenn überhaupt – nur sehr lose mit wissenschaftlichen Theorien und forschungsgestützten Erkenntnissen verbunden sind", resümiert Greif (2021).[3]

Coaching ist also heute noch ein praxisorientiertes Beratungsformat, das sich auf unterschiedliche theoretische Strömungen, verschiedene Annahmen und Philosophien stützt. Cox et al. (2024) grenzen zum Beispiel 13 unterschiedliche Konzepte ab,[4] auf deren Basis Coaches üblicherweise arbeiten. Ausserdem unterscheiden sie 13 Arten von Coaching,

---

[3] Greif, 2021, ebenda, S. 1.

[4] The Psychodynamic Approach to Coaching, Cognitive Behavioural Coaching, The Solution-Focused Approach, the Person-Centered Approach, the Gestalt Approach, Existential Coaching, Ontological Coaching, Narrative Coaching, Psychological Development in Coaching, the Transpersonal Approach to Coaching, the Positive Psychology Approach to Coaching, Transactional Analysis, NLP-Approach to Coaching.

von Gesundheits- bis zu Karrierecoaching.[5] Rauen bezieht sich im „Handbuch Coaching" (Rauen 2021) auf neun verschiedene Ansätze mit zehn Unteransätzen.[6] Dementsprechend fächert sich die wissenschaftliche Literatur in die Betrachtung einer Vielzahl einzelner Tools und Werkzeuge und ihrer Wirkungen auf.

Bezüglich der Wirksamkeitsforschung wird allgemein davon ausgegangen, dass Coaching wirkt, allerdings muss durchaus differenziert werden. Die derzeit vorliegenden „metaanalytischen Ergebnisse zeigen, dass Coaching insgesamt wirksam ist und ein breites Spektrum an Wirkungen erzielen kann …. Im Vergleich mit anderen Lern- und Entwicklungsformaten entspricht die Wirksamkeit von Coaching in ihrer durchschnittlichen Stärke und ihrer Bandbreite insgesamt der Wirksamkeit von (berufsbezogenen) Trainings. Im Vergleich mit Mehrperspektivenfeedback wirkt Coaching etwas stärker und konsistenter."[7] Ausserdem bestehen deutliche Unterschiede zwischen selbstwahrgenommenem und fremdwahrgenommenem Coaching-Erfolg, dabei liegt die selbstberichtete Coaching-Wirksamkeit signifikant höher,[8] resümiert Silja Kotte (Rauen 2021)

Insofern steht die „Coaching Industry" als schnell wachsender Jobsektor[9] wissenschaftlich noch nicht auf einem ganz festen Fundament, auch wenn in den vergangenen zwei Jahrzehnten die Anzahl der Veröffentlichungen zum Thema explodiert ist, Coachingschulen wie Pilze aus dem Boden schiessen und sich ein Verbandswesen um das Coaching etabliert hat, das auf stärker evidenzbasiertes, wissenschaftlich untermauertes und ethisches Handeln setzt.[10] Diese Verbände bemühen sich auch, durch Akkreditierungen von Coaches das Coaching zu professionalisieren und die professionelle Weiterbildung von Coaches zu fördern. Teilweise haben sie eine Forschungsagenda formuliert.

---

[5] Skills und Performance Coaching, Developmental Coaching, Transformational Coaching, Executive und Leadership Coaching, The Manager as a Coach, Team Coaching, Internal Coaching, Peer Coaching, Life Coaching, Health und Well-being Coaching, Career Coaching, Intercultural Coaching, Mentoring.

[6] Psychoanalytischer Ansatz, hypnotherapeutischer Ansatz, lösungsfokussierter Ansatz, verhaltenstherapeutischer Ansatz (mit vier Unter-Ansätzen), humanistische Ansätze (drei Unter-Ansätze), körpertherapeutische Ansätze, systemische Ansätze (mit drei Unter-Ansätzen), Coaching-Ansätze im angloamerikanischen Raum, integratives Coaching, in: *Handbuch Coaching*. Rauen C. (2021), ebenda, S. 375 ff.

[7] Silja Kotte (2021) Wirksamkeit von Coaching, in: Rauen C. (eds). *Handbuch Coaching*. (2021), ebenda, S. 287.

[8] Silja Kotte (2021) Wirksamkeit von Coaching, in: Rauen C. (eds). *Handbuch Coaching*. ebenda, S. 288.

[9] ICF-PWC Global Survey 2023. https://coachingfederation.org/research/global-coaching-study

[10] Als Beispiele können hier die International Coaching Federation, der European Mentoring and Coaching Council oder der Deutsche Bundesverband Coaching genannt werden.

Lösungsorientiertes Coaching

Der in der deutschen Coachingpraxis am weitesten verbreitete Ansatz[11] (und der Ansatz, für den auch die Autorin ausgebildet wurde) ist das lösungsorientierte Coaching nach Steve de Shazer und Insoo Kim Berg.[12] Der Ansatz ist zukunfts- und ressourcenorientiert. Er ist breit einsetzbar und geeignet für Business-, Life-, Team- oder Karrierecoaching und dabei vor allem für Kurzeinsätze.

Beim lösungsorientierten Coaching geht es weniger um Ursachenbetrachtung (warum etwas so ist wie es ist), sondern um das Finden von individuellen Lösungen auf Basis von Stärken und Ressourcen, die die Coachee bereits besitzt. Der Fokus liegt also auf dem, was schon funktioniert und was sich, darauf aufbauend, in Zukunft ändern kann und soll, startend mit dem ersten kleinen Schritt. Ein weiteres zentrales Element ist die Selbstverantwortung der Coachee: Der Coach gibt keine Lösung vor, sondern zielt darauf, der Coachee durch bestimmte Fragen und Fragetechniken (z. B. Skalierungsfragen, Wunderfrage etc.) neue Räume und Sichtweisen zu eröffnen sowie existierende Ressourcen bewusst zu machen, damit diese darauf aufbauend eigene Lösungen eines Problems finden kann. Gibt also Hilfestellung zur Selbsthilfe.

Die Idee, dass die Lösung in der gecoachten Person selbst liegt, setzt allerdings voraus, dass das Wissen um eine Lösung im Coachee bereits vorhanden ist, dieses also durch Fragen nur „freigeschaufelt" werden muss, dass die Person nicht mental blockiert und in ihrer eigenen Gedankenwelt „eingesperrt" ist, sondern bereit und fähig, über den eigenen derzeitigen Tellerrand hinauszusehen, also eine andere Perspektive einzunehmen. Die Idee setzt Eigenverantwortung und Bereitschaft voraus, sich ehrlich mit sich selbst auseinanderzusetzen.

Selbstcoaching und Selbstmanagement

Der Weg vom lösungsorientierten Coaching zum Selbstcoaching und zum Selbstmanagement ist nicht weit. Tatsächlich gibt es viele Parallelen zwischen lösungsorientiertem Coaching und Selbstcoaching. Beim Selbstcoaching wendet eine Person

---

[11] Greif, 2021, ebenda, S. 48.

[12] Gängige Literatur zur lösungsorientierten Methode: de Shazer S. (1988), *Clues: Investigating solutions in brief therapy*, New York Norton &Co; de Shazer S. (1994), *Words were originally magic*, New York: Norton Co; Berg I. K, Szabo P. (2005). *Brief Coaching for Lasting Solutions*, W.W. Norton and Company; Berg I.K., de Jong P. (2007). *Interviewing for solutions*, Cengage Learning Services; Cauffman L., Dierolf K., (2006) T*he Solution Tango: Seven Simple Steps to Solutions in Management,* Cyan Books; Jackson P.Z., Mc Kergow M. (2006). *The Solutions Focus: Making Coaching and Change Simple*, Nicholas Brealey; Mc Kergo M., Clarke J. (eds) (2006). S*olutions Focus Working,* SolutionsBooks, Röhrig P. (ed) (2008). *Solution Tools*, SolutionsBooks; Szabo P., Meier D., (2008). *Coaching Plain and Simple, Solution-focused Brief Coaching Essentials*, New York Norton&Co; International Association of Solution Focused Coaches, Consultants and Trainers, www.asfct.org

eigenständig Strategien, Methoden und Techniken an, um persönliche oder berufliche Ziele zu erreichen, frei nach dem Motto: „Der Coach in Dir kennt den nächsten Schritt."

Selbstcoaching greift dabei im wesentlichen auf dasselbe Toolarsenal zurück wie Coaching, zum Beispiel das GROW-Modell (Goal – Ziel, Reality – Realität, Options – Optionen, Way Forward – Wille/nächste Schritte), das ABCDE-Modell (Activating event – auslösendes Ereignis, Beliefs – Überzeugungen/Glaubenssätze, Consequences – Konsequenzen, Disputation – Infragestellen, Effect – neue Wirkung/neue Einstellung), Selbstreflexion auf Basis bestimmter Fragen (Skalierungsfragen, Wunderfrage, etc.), Journaling oder Übungen zur Achtsamkeit und Selbstwirksamkeit, um nur einige Beispiele zu nennen.

Voraussetzungen für das Selbstcoaching sind Motivation und Disziplin, Ehrlichkeit und kritische Selbstbetrachtung sowie ein gewisses Mass an Wissen über erprobte Coaching-Werkzeuge und Fragetechniken. Für das Einrichten und Eichen des Lebenskompasses oder das Lösen von Alltagsproblemen bringt Selbstcoaching durchaus Resultate, wenn auch in geringerem Umfang als Coaching.[13]

Allerdings fehlt beim Selbstcoaching eine externe Perspektive, „blind spots" sind nicht auszuschliessen, und bei tiefgreifenden oder emotional sehr belastenden Themen mag es hilfreicher sein, diese mit externer Unterstützung zu erörtern statt allein, um die immer gleichen Gedankenschleifen und -spiralen zu durchbrechen. Gemeinsam statt einsam.

Die wissenschaftliche Auseinandersetzung mit Selbstcoaching ist weniger umfangreich als beim Coaching, basiert aber zum grossen Teil auf denselben Standardwerken.[14]

---

[13] Zum Beispiel: Losch S., Traut-Mattausch E., Mühlberger M.D., Jonas E., Comparing the Effectiveness of Individual Coaching, Self-Coaching, and Group Training: How Leadership makes the difference, in: *Front Psychol.* 2016 May 3, https://pubmed.ncbi.nlm.nih.gov/27199857/

Sue-Chan C., Latham G.P., The Relative Effectiveness of External, Peer, and Self-Coaches, in: *Applied Psychology*, Vol. 53, Issue 2, April 2004, S. 260–278, https://iaap-journals.onlinelibrary.wiley.com/doi/10.1111/j.1464–0597.2004.00171.x

[14] Hier eine Auswahl wissenschaftlich fundierter Standardwerke zu Theorie und Methodik des Coachings und Selbstcoachings:

Greif S. (2017), *Coaching und Selbstcoaching: Wissenschaftliche Grundlagen und praktische Anleitungen*, Hogrefe;

Rauen C. (Hrsg) (2020), *Coachingwissen: Die wichtigsten Theorien und Konzepte für die Praxis,* Springer.

Bischof K., Bischof A., Müller H. (2023). *Selbstmanagement*, Haufe-Verlag, Freiburg, 6. Auflage.

Ryan R.M. und Deci E.L. (2017), *Self-Determination Theory: Basic Psychological Needs in Motivation, Development, and Wellness*, Guilford Press.

Baumeister R.F., Tierney J. (2011) *Willpower: Rediscovering the Greatest Human Strength*, Penguin.

Baumeister R.F., Vohs Kathleed D., Self-Regulation, Ego Depletion and Motivation, in: *Social and Personality Psychology Compass*, Vol 1, Issue 1, November 2017, p. 115–128.

Grant Anthony M., The Impact of Life Coaching on metacognition and mental health, in: *Social Behaviour and Personality: an International Journal*, Vol 31, No 3, S. 253–263.

Spence G.B., Grant A. M., Coaching and Well-Being: A brief review of existing evidence, relevant theory and implications for practioners, in: Boniwell I., David S.A., Ayers A.C. (eds), *The Oxford Handbook of Happiness*, 2013, s. 1009–1025.

Klar ist jedenfalls, dass es positive Effekte hat, sich selbst zu reflektieren, sich persönliche und berufliche Ziele zu setzen, für sich selbst Aktionspläne zu formulieren – und diese dann auch anzugehen und durchzuhalten. Wachstum braucht Motivation und Orientierung – das Denken, aber auch den langen Atem aus Disziplin und Umsetzungsenergie für das Tun.

Um mit dem Pazifisten und Anführer der indischen Unabhängigkeitsbewegung Mahatma Gandhi zu sprechen: „Die Zukunft hängt davon ab, was Du heute tust." Auch der deutsche Universalklassiker Johann Wolfgang Goethe wusste schon: „Es ist nicht genug zu wissen – man muss es auch anwenden. Es ist nicht genug zu wollen – man muss es auch tun." Und ganz modern lässt sich der Zusammenhang zwischen Denken und Handeln beim Selbstcoaching auch kurz und prägnant zusammenfassen: „Think big. Start small. Act now."

Roth G. (2015), *Persönlichkeit, Entscheidung und Verhalten: Warum es so schwierig ist, sich und andere zu verändern*.

Storch M., Krause F. (2017), *Selbstmanagement – ressourcenorientiert*, Göttingen.

Ryan R.M., (2023) *The Oxford Handbook of Self-Determination Theory*.

Whitmore J., Gaskell C. (1992/2017), *Coaching for Performance – The Principles and Practice of Coaching and Leadership*, John Murray Press, London, Philadelphia, 6th edition.

Passmore J. (2016) *Excellence in Coaching*.

Grant A., Greene J. (2001). *Coach yourself – Make real change in your life*. Momentum.

Exkurs 2: Gleichstellung in Deutschland im Europavergleich

„Männer und Frauen sind gleichberechtigt", heisst es im Grundgesetz. Aber die Männer sind immer noch gleicher, und der Fortschritt in Richtung mehr Gleichberechtigung und Gleichstellung fährt mit dem Tempo eines Bummelzugs. Über 75 Jahre nach Einführung des Gleichheitsgrundsatzes im Grundgesetz sind wir Frauen noch lange nicht am Ziel. In Deutschland nicht, aber auch in Europa nicht, obwohl die EU das Prinzip des gleichen Lohns für gleiche Arbeit bereits in ihren Römischen Verträgen von 1957 verankert und dies in späteren Vertragsänderungen und der EU-Grundrechte-Charta zu einem umfassenden Gleichstellungsgebot in allen Lebensbereichen ausgebaut hat.

Gleichstellung messen: Der Gender Equality Index

Bei 71 % lag der EU-weite Gender Equality Index im Jahr 2024, den das Europäische Institut für Gleichstellungsfragen seit rund zehn Jahren veröffentlicht. Er basiert auf rechtlichen, wirtschaftlichen und sozialen Daten der EU-Länder rund um Aspekte wie Arbeit, Geld, Zeitverwendung, Gesundheit, Gewalt, Wissen und Macht. Er misst die Lücke zwischen voller Gleichstellung (100 %) und keiner Gleichstellung (0 %)[15] und soll damit den Fortschritt Richtung Gleichstellung anzeigen. Denn: What gets measured, gets done – Was gemessen wird, wird sichtbar und wird erledigt. So jedenfalls die Theorie.

Der Vergleich mit dem EU-Durchschnitt von 71 % ist erhellend: Wir sind in Deutschland Mittelmass. Der Index für Deutschland liegt gerade einmal einen Prozentpunkt über dem EU-Durchschnitt, mit Stärken im Bereich Gesundheit, aber Nachholbedarf bezüglich Wissen/Bildung von Frauen und Zeitverteilung. Spitzenreiter sind vor allem die nordischen und romanischen Länder. So führt Schweden den Index mit 82 % an, gefolgt von Dänemark, den Niederlanden, Spanien, Belgien, Frankreich, Luxemburg. Die rote Laterne halten Griechenland, Ungarn und Rumänien.[16]

---

[15] European Institute for Gender Equality/EIGE. *Gender Equality Index – European Union in 2024 edition.* https://eige.europa.eu/gender-equality-index/2024

[16] European Institute for Gender Equality/EIGE. *Gender Equality Index – European Union in 2024*

Überraschenderweise findet in den Gleichstellungsberichten der Bundesregierung, die seit 2011 einmal pro Legislaturperiode erscheinen, kein Monitoring des Fortschritts in der deutschen Gleichstellungspolitik statt.[17] Vielmehr werden jeweils verschiedene Aspekte der Gleichstellung betrachtet (z. B. Care Arbeit, Digitalisierung, Klimawandel), ohne dass ein immer gleichbleibender, jeweils aktualisierter Datensatz zum Fortschritt beigefügt wird. Was nicht gemessen wird, das wird auch nicht gesteuert und nicht erreicht. So einfach ist das.

Meilensteine rechtlicher Gleichstellung

Schauen wir uns zunächst ein paar Schlaglichter bezüglich der Rechte an, die (mit Ausnahme der Zeit des Nationalsozialismus, die das Rad wieder zurückdrehte) seit über 100 Jahren in Deutschland, aber auch in anderen europäischen Ländern zugenommen und unser Leben als Frau entscheidend verbessert haben[18]:

Direkt nach dem Ende des Ersten Weltkriegs, 1919, ein wahrer Meilenstein: Einführung des aktiven und passiven Frauenwahlrechts in Deutschland.

Nach dem Zweiten Weltkrieg 1949 dann verfassungsmässige Gleichstellung von Mann und Frau im Grundgesetz mit dem schlichten Satz „Männer und Frauen sind gleichberechtigt". Auch die DDR-Verfassung von 1949 führte die Gleichberechtigung ein: „Mann und Frau sind gleichberechtigt." Der Gleichberechtigungsgrundsatz war in beiden Teilen Deutschlands eine kleine Sensation und ein Versprechen an die Zukunft. Denn bestimmt wurde die Realität damals noch vom patriarchalischen Ehe- und Familienverständnis: Der Mann als Oberhaupt der Familie, der in allen ehelichen Angelegenheiten in letzter Instanz entschied.[19]

Nach und nach wurde das noch aus der Kaiserzeit stammende Bürgerliche Gesetzbuch in der Bundesrepublik an die neue Verfassungsrealität angepasst: 1954 Aufhebung des Beschäftigungsverbots für verheiratete Frauen im öffentlichen Dienst. 1958 Gleich-

---

edition – Compare countries.

     https://eige.europa.eu/gender-equality-index/2024/compare-countries

[17] Bundesministerium für Familie, Senioren, Frauen und Jugend (2025). Vierter Gleichstellungsbericht, *Gleichstellung in der sozial-ökologischen Transformation.* BerlinDritter Gleichstellungsbericht (2021). *Digitalisierung geschlechtergerecht gestalten* Zweiter Gleichstellungsbericht (2017). *Erwerbs- und Sorgearbeit gemeinsam neu gestalten* Erster Gleichstellungsbericht (2011). *Neue Wege – Gleiche Chancen. Gleichstellung von Frauen und Männern im Lebensverlauf.*

[18] In folgendem wird die rechtliche Entwicklung in Deutschland betrachtet. Die EU hat andere rechtliche Kompetenzen, insofern sind rechtlich keine Vergleiche mit der EU möglich, nur auf der Ebene einzelner Mitgliedstaaten.

[19] Die folgenden Abschnitte basieren auf der offiziellen Web-Veröffentlichung der Bundesregierung zum 75. Jahrestag des Grundgesetzes:

     Die Bundesregierung. (2025). *Gleichstellung von Männern und Frauen – Der Gleichstellungsauftrag des Grundgesetzes.* Berlin. Blog vom 5.3.2025.

     https://www.bundesregierung.de/breg-de/service/archiv-bundesregierung/75-jahre-grundgesetz/gleichberechtigung-grundgesetz-2262564 berechtigungsgesetz. Frauen konnten nun beispielsweise auch gegen den Willen ihres Mannes einen Führerschein machen, ein Konto eröffnen oder arbeiten gehen.[20] Erst 1977 wurde die Zustimmung des Mannes zur Berufstätigkeit der Frau aufgehoben. Die damalige DDR hatte bereits früher eine Reihe emanzipatorischer Gesetze beschlossen und die Gleichstellung auch ideologisch stark gefördert. Zentral war dabei der Blick auf die Erwerbstätigkeit der Frauen und die Vereinbarkeit von Familie und Beruf.

In den 70er-Jahren dann Neuregelung des Schwangerschaftsabbruchs: Im Westen des Landes bileb ein Schwangerschaftsabbruch rechtswidrig, aber bis 12 Wochen nach der Empfängnis bei Vorliegen bestimmter Indikationen straffrei (Indikationsregelung). In bestimmten Fällen gab es eine Beratungsverpflichtung, abhängig von der Art der Indikation. Die damalige DDR führte dagegen eine Fristenregelung ein, wonach eine Abtreibung innerhalb der ersten zwölf Wochen ohne Angabe von Gründen straffrei blieb. Nach der Wiedervereinigung war die unterschiedliche rechtliche Ausgestaltung der Abtreibung erneut ein heisses Thema, und es dauerte bis 1995, bis das wiedervereinigte Deutschland schliesslich das „Schwangeren- und Familienhilfe-Änderungsgesetz" verabschiedete. Danach ist nun nach einem verpflichtenden Beratungsgespräch der Schwangerschaftsabbruch in den ersten drei Monaten nicht strafbar (Fristenregelung mit Beratungspflicht). Zu einer Streichung des Paragrafen 218 im Strafgesetzbuch hat sich der Gesetzgeber allerdings bis heute nicht durchringen können.

Es folgten Gesetze zur Vereinbarkeit von Familie und Beruf, zur Repräsentation von Frauen sowie zum Gewaltschutz: 1986 Einführung von Erziehungsurlaub und Erziehungsgeld, 1996 Recht auf einen Kindergartenplatz für Kinder ab drei Jahren und 2013 Recht auf einen Kinderkrippenplatz ab dem 1. Lebensjahr, 1997 Strafbarkeit der Vergewaltigung in der Ehe, 2001 gesetzliches Recht auf Teilzeitarbeit, 2007 Elterngeldreform, 2015 und 2021 legten zwei Führungspositionengesetze Mindestquoten für Frauen in Aufsichtsräten, Vorständen und der Bundesverwaltung fest, 2025 Gewalthilfegesetz.

Im Zuge der Wiedervereinigung wurde 1990 übrigens Artikel 3 des Grundgesetzes ergänzt und ein klarer Auftrag an den Staat eingefügt, die Gleichberechtigung aktiv voranzubringen. Der Staat kann sich also nicht einfach damit begnügen, dass die Gleichberechtigung schon irgendwie kommen wird. Er muss aktiv etwas dafür tun.[21]

Politische Repräsentation

Zur Umsetzung braucht es politischen Willen, Repräsentation und Mehrheiten. Obwohl mehr Frauen als Männer in Deutschland leben – immerhin stehen nach den Zahlen des Statistischen Bundesamts von Ende 2023/Anfang 2024 insgesamt 42,7 Mio. Frauen 41,5 Mio Männern gegenüber – sind die politischen Gremien von Männern dominiert: Heute pendelt der Frauenanteil dort um etwa ein Drittel – eklatant mehr als vor fünfzig

---

[20] ebenda.

[21] ebenda.

Jahren, aber eben immer noch nicht die Hälfte. Im aktuellen 21. Bundestag ist der Frauenanteil schon wieder rückläufig,[22] auch im laufenden 10. Europäischen Parlament ist dies der Fall.[23] Übrigens hat bislang kein Mitgliedstaat der EU auf nationaler Ebene Parität erreicht. Schweden und Finnland liegen allerdings knapp darunter. Deutschland spielt auch hier lediglich im EU-Mittelfeld.

In der Wirtschaft kommen die Frauen auch nicht über die vorgegebenen Quoten in Aufsichtsräten hinaus, bei den Vorständen sprechen wir sogar noch von einstelligen Zahlen. Insgesamt arbeiteten In deutschen Führungsetagen im Jahr 2024 rund 29 % Frauen. Im EU Ranking reichte das lediglich für Platz 22 – der EU-Durchschnitt lag 2024 bei rund 35 %.[24]

Die deutsche Arbeits- und Sozialministerin Bärbel Bas hat im ARD Sommerinterview 2025 Kritik am Umgang mit Frauen in der Politik geübt und prägnant auf den Punkt gebracht: „Das ist ein massives Demokratieproblem."[25]

Wirtschaftliche Gleichstellung messen: Der Gender Pay Gap

Neben der politischen Repräsentation ist die wirtschaftliche Gleichstellung von zentraler Bedeutung für Frauen. Sie wird im Gender Pay Gap gemessen.[26] Der Gender Pay Gap ist der Verdienstabstand pro Stunde zwischen Männern und Frauen. Bei dieser Messgrösse gehört Deutschland sogar zu den EU-Schlusslichtern. Frauen verdienen hierzulande immer noch etwa 16 % weniger als Männer. Einen noch höheren Gender Pay Gap als Deutschland hatten 2024 nur Lettland, Österreich, Tschechien und Ungarn. Das EU-Mittel für den unbereinigten Gender Pay Gap lag für 2024 bei 12 %. EU-Staaten mit geringen Unterschieden im Bruttostundenverdienst waren Belgien (1 %), Italien (2 %) und Rumänien (4 %).

---

[22] Statistisches Bundesamt. (2025). *Frauen in Parlamenten in Deutschland nach wie vor unterrepräsentiert*. Wiesbaden. Pressemitteilung N010 vom 5. März 2025 https://www.destatis.de/DE/Presse/Pressemitteilungen/2025/03/PD25_N010_13.html

[23] Europäisches Parlament. (2025). *Frauen in der Politik – Zahlen und Fakten zum Europäischen Parlament*. Brüssel. Webseite vom 30.6.2025.
https://www.europarl.europa.eu/topics/de/article/20190226STO28804/frauen-in-der-politik-zahlen-und-fakten-zum-europaischen-parlament

[24] Statistisches Bundesamt. (2025). *Europa – Frauen in Führungspositionen weiterhin unterrepräsentiert*. Webveröffentlichung.
https://www.destatis.de/Europa/DE/Thema/Bevoelkerung-Arbeit-Soziales/Arbeitsmarkt/Frauenanteil_Fuehrungsetagen.html?nn=217388

[25] Bärbel Bas im *ARD-Sommerinterview* am 10.8.2025 https://www.tagesschau.de/inland/innenpolitik/baerbel-bas-sommerinterview-100.html

[26] Statistisches Bundesamt. (2025). *Europa – Gender Pay Gap: Deutschland bleibt eines der EU-Schlusslichter*. Webveröffentlichung 4.3.2025. https://www.destatis.de/Europa/DE/Thema/Bevoelkerung-Arbeit-Soziales/Arbeitsmarkt/GenderPayGap.html

Der Gender Pay Gap übersetzt sich dann in der Rente in den Gender Pension Gap. Die Alterseinkünfte von Frauen in Deutschland lagen 2023 durchschnittlich um ein Viertel niedriger als die von Männern.[27] Altersarmut ist weiblich, übrigens nicht nur in Deutschland, sondern in ganz Europa.

Kinderbetreuung ist zentral

Ein flächendeckendes Betreuungsangebot für Kinder zählt zu den wesentlichen Voraussetzungen für eine hohe Beteiligung von Frauen und insbesondere Müttern am Arbeitsmarkt.[28] Es gibt ihnen die Chance, ihre wirtschaftliche Situation zu verbessern. Trotz Ausbaus in den vergangenen Jahren reicht die Anzahl der Kinderbetreuungsplätze hierzulande nicht, damit alle Familien, die wollen, einen Kinderbetreuungsplatz bekommen. Es besteht auch ein eklatanter Unterschied zwischen West- und Ostdeutschland, der Mangel dominiert vor allem im Westen des Landes. Zum anderen erlauben kurze und ungünstige Öffnungszeiten dieser Einrichtungen häufig nur eine Teilzeitarbeit, und es sind vor allem Frauen, die in Teilzeit arbeiten.[29]

Die Weichen werden in der Regel nach der Geburt des ersten Kindes gestellt und haben sich seit 2014 nicht wesentlich geändert, weiss das Institut für Demoskopie Allensbach, das entsprechende Befragungen im Auftrag des Bundeswirtschaftsministeriums durchführt: „In drei von vier Familien, bei denen die Mütter nach der ersten Elternzeit den ganzen oder größten Teil der Kinderbetreuung übernommen haben, übernehmen sie auch am Ende der Grundschulzeit noch den größten Teil der Kinderbetreuung.[30] Diese Aufteilung

[27] Statistisches Bundesamt (2024). *Gender Pension Gap 2023: Alterseinkünfte von Frauen 27,1% niedriger als die von Männern.* Pressemitteilung 016 vom 24.4.2024. https://www.destatis.de/DE/Presse/Pressemitteilungen/2024/04/PD24_N016_12_63.html

[28] Bundeswirtschaftsministerium (2024), *Die wirtschaftliche Bedeutung des Ausbaus der Kinderbetreuung in Deutschland: Auswirkungen auf Erwerbsbeteiligung von Eltern, Chancengerechtigkeit und Wirtschaftswachstum.* Schlaglichter Wirtschaftspolitik 11/24.
https://www.bmwk.de/Redaktion/DE/Schlaglichter-der-Wirtschaftspolitik/2024/11/06-abbau-kinderbetreuung.html

[29] Bundesministerium für Familie, Senioren, Frauen und Jugend, *Kindertagesbetreuung kompakt. Ausbaustand und Bedarf 2023,* https://www.bmfsfj.de/resource/blob/244268/7fc5ae40d-c736cef00de23b0d349c45d/kindertagesbetreuung-kompakt-2023-data.pdf
In der neunten Ausgabe von „Kindertagesbetreuung Kompakt" veröffentlicht das Bundesfamilienministerium aktuelle Daten zum Ausbaustand und zum Betreuungsbedarf in der Kindertagesbetreuung von Kindern bis zum Schuleintritt. Sie zeigen: Im Jahr 2023 wurden erneut mehr Kinder in einer Kindertageseinrichtung oder -tagespflege betreut als im Vorjahr. Gleichzeitig überstieg der Betreuungsbedarf weiterhin das Angebot. Die Beteiligungsquote der unter Dreijährigen wies erneut große Unterschiede zwischen Ost und West auf.

[30] Bundesministerium für Familie, Senioren, Frauen und Jugend, *Familienreport 2024,* S. 113.
https://www.bmfsfj.de/resource/blob/239468/a09d21ecd295be59a9aced5b10d7c5b7/familienreport-2024-data.pdf

hat Folgen für die gesamte Erwerbsbiografie, die ökonomische Eigenständigkeit und das Lebenseinkommen vor allem der Mütter".[31]

Neben dem Mangel an Kinderbetreuungsplätzen verweist das Bundeswirtschaftsministerium allerdings auch auf weitere Gründe, wie auf „finanzielle Anreize des deutschen Steuer- und Transfersystems, die ein Hauptverdiener-Modell attraktiver erscheinen lassen als eine gleichberechtigte Aufteilung der Erwerbsarbeit", und nennt dabei vor allem das Ehegattensplitting, Minijobs sowie die beitragsfreie Mitversicherung von Eheleuten in der gesetzlichen Krankenversicherung."[32] Die Steuerklassen wären dem hinzuzufügen. Die Publikation erinnert auch an die positiven Auswirkungen von Kinderbetreuungsplätzen für die Geburtenrate und das Wirtschaftswachstum.

Gerade im Vergleich mit den nordischen, aber auch den romanischen EU-Ländern liegt Deutschland, was die Anzahl an Kinderbetreuungsplätzen betrifft, weit unter dem EU-Durchschnitt. Während der EU-Schnitt für die Anzahl der Kinder unter drei Jahren, die eine formale Tageseinrichtung mindestens eine Stunde pro Woche besuchen, nach den letzten verfügbaren Zahlen von 2023 bei 37,5 % liegt, sind dies in Deutschland nur 23,3 %.[33] Zum Vergleich: Wir sprechen hier z. B. von 73,3 % in den Niederlanden, 69,9 % in Dänemark, 57,2 % in Frankreich oder über 55 % in Belgien, Spanien und Portugal. Ohne die relativ hohe Betreuungsquote in Ostdeutschland läge Deutschland noch niedriger als die 23,3 %.

Bewertung und Ausblick

Das war vor dreissig Jahren schon so und ist auch, allen Ausbaumassnahmen von Kinderbetreuungsplätzen und der Wiedervereinigung zum Trotz, im wesentlichen so geblieben. Der Mangel hat System und ist letztendlich ein Ausdruck politischer Wertigkeiten und Prioritäten – Kinder und Frauen scheinen nicht so wichtig. Als eines der reichsten Länder dieses Planeten leistet sich Deutschland den Luxus, nicht das ganze Potential seiner in der Regel gut ausgebildeten Frauen zu nutzen und verzichtet wissentlich und willentlich auf Wirtschaftswachstum. Frauen fallen leicht aus dem Arbeitsleben heraus, sobald sie Mutter werden, und sind sie einmal draussen oder als Teilzeitkräfte an die Seite geschoben, ist es schwer für sie, wieder Fuss zu fassen. Ausnahmen bestätigen natürlich die Regel.

Fachkräftemangel hierzulande liegt nicht nur an gesunkenen Geburtenraten, sondern auch daran, dass das bestehende Potential – Frauen mit Kindern – sehenden Blickes nicht

---

[31] Familienreport S, 112.

[32] Bundeswirtschaftsministerium (2024), Schlaglichter, ebenda, S. 22.

[33] Statista. (2024). *Europäische Union: Anteil der Kinder im Alter unter drei Jahren (U3) in formaler Kinderbetreuung (Betreuungsquote), aufgeschlüsselt nach Mitgliedstaaten im Jahr 2023.* Webveröffentlichung am 9.6.2024.

https://de.statista.com/statistik/daten/studie/1129311/umfrage/betreuungsquote-von-kleinkindern-in-der-europaeischen-union-eu/

ausreichend ausgeschöpft wird, weil die Frage der Kinderbetreuung immer noch nicht gelöst ist. Wer als Staat, aber auch als Arbeitgeber, keine Kinderbetreuungsplätze schafft, braucht sich nicht zu wundern, wenn Mütter nur bedingt erwerbstätig sind, und viele daher später in die Altersarmut rutschen. Ähnlich sieht es bei der Care Arbeit für alternde Eltern aus. Alles ein alt-neues Dilemma. Die systemischen Beharrungskräfte ziehen sich hin, auch wenn immer mehr junge Väter heute einen grösseren Teil der Haus- und Pflegearbeit übernehmen als früher. Ihre Hälfte dieser Arbeit haben sie – jedenfalls kollektiv – noch nicht erreicht.

„Gleichstellung ist kein Frauenproblem, sondern ein Gesellschaftsproblem. Wir können die Hälfte der Welt nicht ignorieren und erwarten, dass die ganze Welt prosperiert," hat die Präsidentin der Europäischen Kommission, Ursula von der Leyen, in einer ihrer Reden zur Gleichstellung sehr treffend formuliert. Die ökonomische Gleichstellung von Mann und Frau ist überfällig. „Um Wohlstand zu sichern, dem demografischen Wandel zu begegnen und den gesellschaftlichen Zusammenhalt zu stärken, ist eine konsequente Gleichstellungspolitik unerlässlich – nicht nur aus Gründen der Gerechtigkeit, sondern als ökonomische Notwendigkeit", fordert auch der Deutsche Frauenrat, die grösste frauen- und gleichstellungspolitische Interessenvertretung in Deutschland. „Die Gleichstellung muss als Leitprinzip in allen Politikfeldern verankert werden… . Parität in Führungspositionen und Parlamenten, Vereinbarkeit von Familie und Beruf, Lohngerechtigkeit und der Schutz vor geschlechtsspezifischer Gewalt sind weitere zentrale Bausteine."[34] Das alles ist nicht neu, aber weiterhin hochaktuell, gerade in einem sich zunehmend wieder vermännlichendem Umfeld. Wir sind noch lange nicht am Ziel, und es gibt noch viel zu tun. Sie fällt uns nicht in den Schoss, unsere Hälfte, sie muss immer wieder neu erkämpft und eingefordert werden. Ein ganzes Frauenleben lang.

---

[34] Deutscher Frauenrat (2025). *Appell für eine zukunftsgerichtete Gleichstellungspolitik.* Webveröffentlichung.
    https://www.frauenrat.de/erfolgsfaktor-gleichstellung/